O JORNALISMO DIVERSIONAL DE FÁTIMA BERNARDES

Roseméri Laurindo

O JORNALISMO DIVERSIONAL DE FÁTIMA BERNARDES

PRIMAVERA
EDITORIAL

Para Júlia, Cristine, Daniele e Maiara

| Sumário

Introdução

Este livro apresenta os gêneros jornalísticos compreendidos por meio de um tipo autoral denominado *autor-marca*, que traduz um conceito aplicado em pesquisa acadêmica que classificou o programa televisivo *Encontro com Fátima Bernardes* como modelo de *jornalismo diversional*. É fruto de estágio pós-doutoral na Cátedra Unesco de Comunicação para o Desenvolvimento Regional, da Universidade Metodista de São Paulo – a Umesp –, que realizei no período de 2012 a 2014, sob a supervisão de José Marques de Melo. Refletir sobre o programa *Encontro com Fátima Bernardes* possibilitou a análise de produção comunicacional de um sistema que mobiliza volumosos bens nacionais, sejam de ordem cultural – pelo alcance continental das Organizações Globo –, intelectual – em função da qualidade dos profissionais –, econômica – pelo aparato técnico e de investimentos financeiros –, histórica – pelo poder simbólico e exemplificativo da TV Globo – e ambiental – tendo em vista os recursos mobilizados no Projac, o complexo de estúdios e cidades cinematográficas das Organizações Globo em Jacarepaguá, no Rio de Janeiro.

José Marques de Melo dedica-se aos gêneros jornalísticos brasileiros desde 1963, ano em que problematizou as crônicas policiais recifenses (Morais, 2013). Antes, porém, na década de 1950, quando era repórter no interior de Alagoas, já se inquietava com as diferenças textuais nos momentos em que seu editor exigia que separasse informação de opinião. Primeiro doutor em Jornalismo do Brasil (titulado pela USP em 1973), responsável pelo mais conhecido estudo publicado sobre gêneros jornalísticos no país, obra que resulta em sua tese de livre docência na USP, em 1983, sobre Jornalismo

Opinativo, Marques de Melo criou em 2009 o Grupo de Pesquisa sobre Gêneros Jornalísticos na Sociedade Brasileira de Estudos Interdisciplinares em Comunicação (Intercom). Tenho a honra de sucedê-lo na coordenação do grupo.

Para desenvolver uma pesquisa própria sobre o assunto, cujos resultados compartilhamos na presente publicação, buscamos um objeto empírico no qual focalizássemos as transformações dos gêneros jornalísticos e também autorais, de características difusas no jornalismo. *Encontro com Fátima Bernardes* tornou-se exemplar por ter surgido inicialmente com um formato indefinido, como em processo de hibridização. Sem confirmação de tal categoria a *priori*, indagou-se sobre as consequências desse novo formato telejornalístico, com a hipótese de que o autor-marca, no jornalismo, quando conjuga seu nome com o nome da empresa, parece necessitar de um espaço próprio, onde a essência autoral tende a alcançar maior êxito. Surgiram, então, várias questões para resolver: quais as configurações de gêneros do programa e de que modo explicam e se coadunam com os propósitos da jornalista? Os conceitos de autor-jornalista, autor-marca e gêneros jornalísticos evidenciam a função comunicativa do *EFB*? Qual a opinião de Fátima Bernardes sobre uma classificação acadêmica de seu programa?

A nomeação e classificação de gêneros jornalísticos é matéria desenvolvida há várias décadas na academia brasileira, contudo nem sempre são normas afinadas com as práticas profissionais. Entender este fenômeno de modo aplicado no programa *EFB*, analisando-se posição autoral, vincula-se ao desejo de se obter maior clareza sobre a relação entre intencionalidade da produção, suas formas de expressão e o consumo de mensagens midiáticas, ou seja, finalidade dos estudos de Marques de Melo sobre gêneros, que nos inspira a refletir sobre como o processo comunicacional articula os acontecimentos, a expressão jornalística e a apreensão pela coletividade.

A pesquisa

O objetivo geral da investigação agora transformada em livro foi realizar pesquisa exploratória sobre a natureza autoral do jornalismo praticado no programa televisivo *Encontro com Fátima Bernardes,* por meio dos gêneros jornalísticos. No ano de 2012, coordenamos, com o professor Marques de Melo, seminários sobre gêneros jornalísticos do Programa de Pós-Graduação em Comunicação da Universidade Metodista de São Paulo. Em agosto daquele ano, fomos ao encontro do professor em Chicago, onde se realizou o V Colóquio Brasil-Estados Unidos de Ciências da Comunicação conjuntamente às comemorações do centenário da Associação de Educação em Jornalismo e Meios de Comunicação dos Estados Unidos (AEJMC). Após sessões acadêmicas e palestras, estávamos, no dia 8 de agosto, no saguão do Hotel Marriott, onde comentei sobre a urgência que eu tinha em eleger o objeto empírico para a pesquisa do pós-doutorado e listei algumas hipóteses. Marques de Melo sugeriu que além dos nomes considerados, que fosse observado o recém-criado programa de Fátima Bernardes. Fora ao ar poucas semanas antes, no dia 25 de junho, o que permitiu que recuperássemos todas as edições e iniciássemos uma pesquisa desde a gênese de o *Encontro com*

Fátima Bernardes, inovação de gênero jornalístico na grade da Rede Globo de Televisão.

Os resultados integram relatório apresentado ao Conselho Nacional de Desenvolvimento Científico e Tecnológico. O CNPq concedeu bolsa para nosso estágio pós-doutoral junto à Cátedra Unesco de Comunicação, na Umesp, e graças à seleção do órgão máximo da pesquisa brasileira tivemos também apoio na instituição em que lecionamos, a Universidade Regional de Blumenau. Assim, foi possível averiguar problema classificatório da área, com objetivo exploratório de contribuir com a visão geral sobre o fenômeno dos gêneros jornalísticos. Os dados foram coletados de modo descritivo, por observação, mais entrevistas e levantamento documental, em fonte direta, visando análise dos processos midiáticos nas Organizações Globo e os significados no *Encontro com Fátima Bernardes*, configurando-se o que se chama de estudo de caso.

No decorrer da pesquisa de pós-doutorado, o envolvimento com o assunto gerou novas questões desdobradas em atividades paralelas de pesquisa e ensino, como orientações de Iniciação Científica[1], trabalhos em sala de aula e de conclusão de curso na graduação em Publicidade e Propaganda da Universidade Regional de Blumenau, ambiente em que difundimos o interesse pelo tema.

---

1 Dentre os trabalhos no âmbito da graduação, destacamos o projeto de iniciação científica em que orientamos a estudante Mayara Cristina Korte, de Publicidade e Propaganda. Korte acompanhou vários programas e concluiu o relatório"A composição intergêneros nas modalidades comunicativas do programa televisivo Encontro com Fátima Bernardes", apresentado na Mostra Integrada de Pesquisa e Extensão da Furb, em setembro de 2014.

UM

Gêneros Jornalísticos

1.1 FORMULAÇÕES INTERNACIONAIS

Dentre os estrangeiros, o intelectual russo Mikhail Bakhtin tornou-se referência da maioria dos pesquisadores brasileiros para os gêneros do discurso e ponto de partida daqueles que se detém nos gêneros jornalísticos[1]. Para (re)começo de conversa, entretanto, vale a pena reverberar o que ouvi de José Marques de Melo sobre gêneros: "de Aristóteles para cá ninguém fez nada de novo".

Ensinamentos básicos sobre descrições, dissertações e argumentações acompanham a rotina escolar. As classificações da literatura em teatro, poesia e épica e a noção de gêneros, como se vê em um dos diálogos de Sócrates com Adimanto, constam desde Platão (427 a.C.-347 a.C.) em *A República*:

> "(...) na poesia e na prosa existem três gêneros de narrativas. Uma, inteiramente imitativa, que, como tu dizes é adequada à tragédia e à comédia; outra, de narração pelo próprio poeta, encontrada principalmente nos ditirambos; e, finalmente, uma terceira, formada da combinação das duas precedentes, utilizada na epopeia e em muitos outros gêneros" (Platão, 2005, p. 99).

Há com Platão a relação do discurso com a realidade, seja de forma mimética no teatro, subjetiva na lírica ou

---

1 Nas formulações internacionais e latino-americanas atualizamos considerações que tratamos no artigo "Formulações históricas e conceituais sobre gêneros jornalísticos", publicado em coletânea organizada por Morais (2014).

mista na épica, com diálogo e narração. A sistematização posterior de Aristóteles (384 a.C.-322 a.C.), nas obras *Arte Retórica* e *Arte Poética*, focaliza a ação discursiva entre orador e ouvinte que se organiza nos gêneros judicial, deliberativo e epidíctico para persuasão de acordo com o auditório, a intenção e os valores. É a normatização orientada por aspectos como a finalidade.

É esclarecedor para a discussão sobre gêneros a síntese de Quintiliano (35 d.C.-95 d.C.) sobre as figuras de linguagem. Quanto ao estilo da narração, ele orienta: "importa muito ver qual é a natureza do fato que se narra" (Quintiliano, 1944, p. 207).

Nos tempos modernos as estruturas midiáticas exigiram expansão do exame classificatório. Lasswell e Wright delimitaram as seguintes funções da comunicação de massa na sociedade (Wright, 1960):

- **Informacional**: vigilância sobre o meio ambiente.
- **Persuasiva**: correlação das partes da sociedade em relação ao todo.
- **Educacional**: transmissão da herança social de uma geração a outra.
- **Diversional**: ocupação do tempo livre resultante da redução da jornada de trabalho coletiva.
- **Operacional**: decisões na sociedade de consumo agilizadas pela disponibilidade de dados difundidos como serviço coletivo.

O teor funcionalista dos sistemas classificatórios afasta alguns olhares acadêmicos, reféns da dicotomia entre a teoria e a prática. É recorrente a divisão no campo científico das ciências sociais entre pesquisadores que assumiram perspectiva crítica, que se incompatibilizam com modelos funcionalistas, derivando-se ainda um antagonismo entre os que elegeram a linguagem como perspectiva de análise dos fenômenos comunicacionais, rechaçando hipóteses funcionalistas. Argumentos impermeáveis continuam a justificar o desinteresse pela harmonia no campo acadêmico, susceptível a variados jogos de poder. Sobre este impasse, que perdura no século XXI entre pesquisadores dos gêneros jornalísticos, sobressai o argumento de Mauro Wolf, nos anos 1980, em seu clássico livro Teorias da Comunicação, em que assinala a "distância entre teoria crítica e pesquisa administrativa" para dizer:

> "Não é, portanto, por acaso que essa oposição está atualmente a ser superada (...) À medida que o paradigma da teoria da informação foi suplantado, na *communication research*, pela existência de outros referentes teóricos (teoria semiótica, sociologia do conhecimento, psicologia cognitiva), novos objetos de conhecimento se impuseram e questões tradicionais puderam ser colocadas em termos diferentes, modificando os fundamentos das abordagens. Cada qual considera, naturalmente, uma tendência mais adequada do que a outra, mas a realidade global da pesquisa em matéria de comunicações de massa apresenta-se, hoje, com a perspectiva concreta de abordagens disciplinares cada vez mais articuladas, variadas e em vias de integração" (Wolf, 1995, p. 88-89).

Há entendimentos que se aproximam pelo modo como o russo Mikhail Bakhtin aborda a questão. No Brasil, ele tem sido o mais referenciado autor estrangeiro tanto dos pesquisadores ditos da vertente crítica, quanto do campo da linguagem ou mesmo entre funcionalistas, quando se fala de gêneros do discurso ou mais particularmente dos gêneros jornalísticos.

Gêneros do discurso, para Bakhtin, são enunciados relativamente estáveis e podem ser primários ou secundários. O autor situa os gêneros como instrumento estratégico para a comunicabilidade humana:

> "Quanto melhor dominamos os gêneros tanto mais livremente os empregamos, tanto mais plena e nitidamente descobrimos neles a nossa individualidade (onde isso é possível e necessário), refletimos de modo mais flexível e sutil a situação singular da comunicação; em suma, realizamos de modo mais acabado o nosso livre projeto de discurso" (Bakhtin, 2010, p. 284).

Bakhtin estimulou as publicações sobre as modalidades dos gêneros discursivos para utilidade em diversos campos da atividade humana. O autor sinalizou conteúdos enquadrados por gêneros (em conversas, cartas, entrevistas, palestras), formas específicas (narrativas, argumentativas, descritivas, explicativas ou conversacionais) e configurações de estilo (com traços da posição enunciativa do locutor). O pensamento bakhtiniano é elucidativo sobre o gênero como matriz orientadora para o uso da linguagem em um meio.

As funções e as condicionantes discursivas (científica, técnica, publicística, oficial, cotidiana) sinalizam os gêneros, "isto é, determinados tipos de enunciados estilísticos, temáticos e composicionais relativamente estáveis" (Bakhtin, 2003, p. 26). Berger (1992) afirma que nos Estados Unidos o estudo de gêneros nos meios de comunicação ganha ênfase nos anos 1950. É da mesma época a influência estadunidense nas transformações jornalísticas brasileiras.

O *Handbook*, de Silverblatt (2007), inspirou nosso design de pesquisa, a começar pelo conceito de gênero:

> *"a genre acts as a portal through which the audience typically receives media messages. Each genre presents a consistent wordview that shapes the ways we think about our world"* (Silverblatt, 2007, p. 3).
>
> (...)
>
> *"genre studies encourages individuals to look outside of the boundaries of a particular genre, to explore other genres or avant-garde programming that flies beneath the radar of mainstream channels of the media"* (Silverblatt, 2007, p. 4).

O estudo de gêneros, para Silverblatt, diz respeito aos propósitos entre a criação e recepção midiática. Afirma que as intenções latentes subordinam as funções manifestas, que podem ser: informação, entretenimento, geração de respostas afetivas, educação, escapismo, conforto, comunitária, socializadora, padronizadora, entre outras. Um programa genérico pode ter múltiplas funções e uma análise é envolta em muitas questões, desde identificar por que o meio se propõe a um gênero particular até entender o que atrai a audiência para determinados modelos e, por fim, delinear o que se pode aprender com esse mapeamento.

O impacto das novas tecnologias sobre os gêneros dá-se em conjunto com formulações de estilo, estrutura e conteúdos que fazem emergir valores e preocupações culturais e sociais. O que o gênero revela, por exemplo, quanto às atitudes culturais? Silverblatt elenca unidades para verificação, para que, com base nas formulações dali decorrentes, percebam-se quais mensagens são transmitidas por tal configuração, que pode variar de um programa para outro, no caso televisivo.

Se o gênero serve como arena que reflete atitudes e crenças, como e quando decidir por mudanças? Inovar, mas não muito, aconselha Silverblatt, para que se conquistem novas audiências sem perder as fiéis. Com base numa recomendação do autor, de que a audiência pode se aborrecer com a fórmula antiga e nesse caso os parâmetros precisam mudar, porém sutilmente, como seria possível desenvolver competências jornalísticas com base em gêneros que se transformam?

A classificação de gêneros é vinculada aos universos culturais, especificidades nacionais e regionais. Assim, para onde se olhe, haverá todo um contexto de adaptações para explicar as diferenças entre modelos oriundos de países anglo-saxões e de latinos, por exemplo. Na Espanha, há vigorosa produção sobre gêneros jornalísticos e quanto ao impresso destacam-se autores lidos no Brasil como Martín Vivaldi e José Luis Martínez Albertos. Rigoroso estado da arte sobre as classificações europeias, norte-americanas e hispano-americanas que dão origem às classificações brasileiras até a década de 1980 encontra-se na obra de Marques de Melo (1985, 1989, 2003). Para nossa análise ressaltamos alguns autores; a ausência de outros não decorre de negação às demais classificações, mas opção metodológica resolutiva. Não obstante a influência espanhola nos estudos latino-americanos, cabe lembrar, a partir de datações feitas por Marques de Melo, que o inglês Samuel Buckeley, no século XVIII, foi pioneiro ao separar *news* e *comments*. Categorias que acompanham até hoje nosso fazer jornalístico.

1.2 FORMULAÇÕES LATINO-AMERICANAS

Na América Latina, a produção sobre gêneros jornalísticos foi impulsionada no Centro Internacional de Estudos Superiores de Comunicação para América Latina (Ciespal), inaugurado no Equador, em 1959. A atuação, em Quito, do francês Jacques Kayser foi a gênese do que hoje se realiza no Brasil com filiação a Marques de Melo.

Ex-diretor do Instituto Francês de Imprensa, Kayser elaborou um método para estudar a notícia e a imprensa que tivesse premissas universais. Não se satisfazia com análise a partir das ciências humanas com metodologias, por exemplo, que levavam à análise de conteúdo sem problematizar as especificidades no conjunto jornalístico. O francês queria entender os obstáculos para transmissão das informações nas diversas regiões do mundo. Trouxe para a América Latina as lições de Jornalismo Comparado, que operava com a classificação pelos gêneros. Definia um eixo de formulações a respeito do Jornalismo como objeto de pesquisa. Suas perguntas eram: como se apresenta um periódico? Do que está constituído? Como se articulam a respeito de outros elementos que o constituem? Como se pode medir? Como se pode comparar? Queria encontrar respostas que ajudassem a romper obstáculos entre nações.

Kayser foi um dos professores permanentes do Ciespal. Durante os cursos em Quito, nos anos 1960, 61 e 62, as pesquisas comparativas foram difundidas em publicações como *La Prensa Diaria y La Comunidad Europea, El Periódico: Estudios de Morfologia, de Metodologia y de Prensa Comparada* (Kayser, 1963, 1964), entre outros sobre a América Latina, como *Dos Semanas en la Prensa de América Latina* (1967).

O que se gestou na América Latina foi embalado pela influência europeia e estadunidense. Dentre os autores latino-americanos com alto índice de referencialidade, encontra-se Martín-Barbero (1997), para quem gênero é o lugar do encontro entre matrizes culturais, formatos industriais e comerciais, tornando-se matriz de leitura (Temer; Tondato, 2009). No jornalismo, as classificações hispano-americanas até os anos 1980 foram marcadas por nomes como do peruano Gargurevich (2004), do argentino Castelli (1968) e do boliviano Prada (1977). Desde o levantamento feito por Marques de Melo (1985) não se tem feito uma atualização quanto à repercussão dos estudos ciespalinos sobre gêneros na América Latina.

1.3 FORMULAÇÕES BRASILEIRAS

No Ciespal, nasceram investigações paradigmáticas e, no Brasil, germinaram novas sementes. Pesquisador em

Quito na década de 1960, José Marques de Melo atravessa meio século compartilhando a herança que lhe veio pelas mãos de seu professor na Universidade Católica de Recife, Luiz Beltrão, que esteve no Equador antes do aluno. Décadas depois, em 2009, Marques de Melo cria o Grupo de Pesquisa Gêneros Jornalísticos, na Sociedade Brasileira de Estudos Interdisciplinares sobre Comunicação (Intercom), que acolhe estudos comparados com apoio da morfologia como opção metodológica, na linha puxada lá de trás, com a experiência de décadas de investigações e publicações sobre o assunto (Marques de Melo, 1985, 1992, 2010, 2012).

Assis (2012) explica porque a pesquisa brasileira sobre gêneros jornalísticos passa pela obra de Marques de Melo, com vinculação teórica funcionalista e metodológica empírica. Pontua que a trajetória de Marques de Melo é de reorganização constante de seus pressupostos, submetendo-se a autocríticas:

> "E o faz, principalmente, com o auxílio de alunos de pós-graduação, muitos dos quais seus orientandos, que aprofundam ou redirecionam debates – gerais e setoriais –, ao elaborarem dissertações de mestrado e teses de doutorado, inserindo novos elementos em sua taxionomia original" (Assis, 2012, p. 2-3).

Ele repassa o que ficou conhecido como "a classificação de Marques de Melo", desde a análise em Recife, na década de 1960, em que foram separadas as notícias, registros e comentários policiais até a estreia do autor em livro (Marques de Melo, 1970), no qual aparece a tríade que assimilou do mestre

Beltrão: jornalismo informativo, jornalismo interpretativo e jornalismo opinativo. Atento às produções de Marques de Melo, Assis resume que os critérios de Marques de Melo se apresentam em duas frentes:

> "Primeiro, na *intenção da empresa jornalística* ao transmitir determinado acontecimento: a maneira como a instituição quer difundir os fatos é o que determina, por exemplo, se ele será relatado sem qualquer juízo de valor ou, então, se será impresso com alguma carga analítica. Já o segundo aspecto destacado, referente à *estrutura,* não diz respeito somente às características textuais – que configuram seu estilo –, mas denota a articulação que existe do ponto de vista processual entre os acontecimentos (real), sua expressão jornalística (relato) e a apreensão pela sociedade (leitura)" (Assis, 2012, p. 7).

Sob a perspectiva de Marques de Melo ficou bastante conhecida a divisão que na década de 1980 demarcou jornalismo informativo (com os formatos nota, notícia, reportagem e entrevista) e jornalismo opinativo (editorial, comentário, artigo, resenha, coluna, crônica, caricatura e carta). Ao rever a obra, Assis acompanha os novos testes empíricos do mestre e seus discípulos na Escola de Comunicação e Artes da Universidade de São Paulo e no Programa de Pós-Graduação em Comunicação da Universidade Metodista de São Paulo, exercícios estes que vão reposicionando os saberes.

Par e passo com o autor, Assis demonstra então a gênese da mais atual taxonomia marquesiana e é, portanto, um dos primeiros pesquisadores que trabalha com o mestre a nova classificação, exposta na coletânea organizada por ele e Marques de Melo (2010):

- **Gênero informativo:** nota, notícia, reportagem, entrevista.
- **Gênero interpretativo:** análise, perfil, enquete, cronologia, dossiê.
- **Gênero opinativo:** editorial, comentário, artigo, resenha, coluna, crônica, caricatura, carta.
- **Gênero diversional:** história de interesse humano, história colorida.
- **Gênero utilitário:** indicador, cotação, roteiro, chamada, obituário.

O pesquisador reconfigura a sistematização dos gêneros, formatos e tipos:

> "(...) gêneros jornalísticos são classes que agrupam formas de expressão jornalística, organizadas conforme determinado propósito (informar, interpretar, opinar, divertir, ser útil, segundo a classificação em relevo). Os formatos, por conseguinte, são as mensagens jornalísticas estruturadas com certos caracteres, sendo estes os responsáveis por sua identidade (por exemplo, notícia, coluna, roteiro etc.). Finalmente, os tipos são os desdobramentos dessas formas, cujas características são capazes de diferenciar unidades dentro de um conjunto (grande reportagem, coluna de miscelânea)" (Assis, 2012, p. 11).

Conceitualmente, os cinco gêneros de Marques de Melo são assim definidos[2]:

- **Gênero informativo:** compreende a classe das mensagens que se destinam a prover dados sobre eventos e situações que sinalizam as relações de poder e os padrões culturais legitimados pela contemporaneidade, facilitando inovações e mudanças, em sintonia com as demandas da sociedade. Aparecem nos formatos de notas, notícias, reportagens e entrevistas.
- **Gênero opinativo:** compreende a classe das mensagens que preenchem a função de disseminar valores, significados e pontos de vista sobre questões de interesse público, sinalizando rumos e perspectivas, induzindo ao consenso ou fomentando dissensos. Nos formatos editorial, comentário, artigo, resenha, coluna, crônica, caricatura, carta.
- **Gênero interpretativo:** compreende a classe das mensagens que reforçam a cultura hegemônica, sem minimizar as correntes contraculturais, geralmente reforçando as diretrizes consensuais. Nos formatos dossiê, perfil, enquete, cronologia, análise e memória.
- **Gênero diversional:** compreende a classe das mensagens que se destinam a reduzir tensões sociais, proporcionando diversão, distração, relaxamento, enfim, otimizando os momentos de ócio dos distintos segmentos da sociedade.

2 Síntese de definições do professor Marques de Melo, compartilhadas em 2012 nos seminários na Cátedra Unesco de Comunicação, na Universidade Metodista de São Paulo, em materiais didáticos.

Nos formatos história de interesse humano, história colorida, história de viagem.

- **Gênero utilitário:** compreende a classe das mensagens que respaldam ações de mobilização coletiva, orientadas para o consumo de bens e serviços ou comprometidas com os interesses da cidadania, fomentando a participação política, religiosa ou cultural.

De Pernambuco para São Paulo, Marques de Melo migrou com o aprendizado na bagagem e, em 1968, concluiu uma pesquisa sobre jornalismo semanal ilustrado em cinco revistas: *Manchete, Paris Match, l'Europe, Stern* e *Life* (Marques de Melo, 1968). Desenvolveu a pesquisa em suas atividades na primeira Faculdade de Jornalismo do Brasil, a Cásper Líbero. Naquele período, observou-se a proeminência de informação jornalística, propaganda e entretenimento nas publicações. De lá para cá foram centenas de estudos sobre gênero no jornalismo impresso, como o emblemático levantamento sobre a *Folha de S.Paulo* por acadêmicos da Eca-USP (Marques de Melo, 1992). Consolidou-se uma estrada bem construída metodologicamente no campo do jornalismo impresso. Passados cinquenta anos, novos caminhos são abertos, principalmente para análise do jornalismo eletrônico e digital.

Seixas (2008) vem ensaiando novas classificações, em diálogo com linguistas. Em atenção ao jornalismo na televisão, Ana Carolina Rocha Pessoa Temer avança com reconhecimento do percurso de Marques de Melo. Ao analisar gêneros não ficcionais na televisão, Temer (2009) lembra que a possibilidade de entreter é algo que está presente em todos os gêneros televisivos:

> "(...) da mesma forma como o telejornalismo incorporou técnicas e meios com características de entretenimento para seduzir seu público, o material voltado para o entretenimento também buscou inspiração no material jornalístico. Nos últimos anos, tem proliferado na televisão uma série de programas que, mesmo sendo eminentemente voltados para o entretenimento, não podem ser simplesmente classificados como material ficcional" (Temer, 2009, p. 13).

Este aspecto é fundamental para a análise do *Encontro com Fátima Bernardes.* Temer acentua que a multiplicidade de gêneros e formatos televisivos confunde telespectadores e até os estudiosos da comunicação. Silva (2012) elaborou uma tabela de classificação de gêneros televisivos e identificou incoerências em várias publicações de referência. Preocupado com os gêneros televisivos como um todo, Silva separa o que considera macrogêneros, gêneros e subgêneros na programação em geral. Mas fiquemos com abordagens específicas sobre o jornalismo.

A mistura de gêneros na televisão também é ressaltada por Reimão (2006). Em 1995, anotou os casos do *Fantástico* (Globo), *Domingo 10* (SBT), *Programa de Domingo* (Manchete) que parodiavam em quadros de humor as notícias da semana. Segundo Temer (2009, p. 19), independentemente de quaisquer atropelos, os gêneros "ajudam a situar modelos e possibilidades de interpretação" e para "melhor compreender a questão dos gêneros televisivos é preciso lembrar-nos de que os gêneros são lugares aceitos pelo telespectador a partir da formulação do produtor". Além disso, como se vê na Rede Globo de Televisão, os gêneros compõem intratextualidade para divulgação dos produtos internos da emissora.

DOIS

Gênero Jornalístico Diversional na Televisão

2.1 GÊNERO DIVERSIONAL

O suporte gutenberguiano de quinhentos anos para escrita nos impressos foi sacudido pelas produções comunicacionais dos meios eletrônicos dos últimos cem anos, com um forte abalo pelos meios digitais há menos de cinquenta anos e numa velocidade estonteante nas últimas três décadas. Os avanços científicos a respeito do jornalismo oferecem respostas sobre o que se passa depois da internet. Há uma algaravia de produções informativas digitalizadas, mas ainda são incipientes as iniciativas para elucidar a essência do fenômeno para o jornalismo.

Num aprofundamento da perspectiva marquesiana procurou-se dar conta do propósito inicial da pesquisa – explorar a natureza autoral do jornalismo no *Encontro com Fátima Bernardes*. Nesta trilha, a categoria de Gênero Jornalístico Diversional firmou-se como explicativa para o aprimoramento do autor-marca no jornalismo (Laurindo, 2008) à luz dos gêneros. Dos debates sobre pluralidade, multiplicidade, hibridismos, mestiçagem, enfim, tentativas diversas de definições para o fenômeno dos gêneros jornalísticos, a delimitação de uma vertente é a escolha que se faz frente a outras, para a abordagem empírica.

Assis (2014a) é o primeiro pesquisador brasileiro a assumir o Gênero Diversional como problema de pesquisa para uma tese. No primeiro artigo em que desbrava o assunto (2010), recupera as funções básicas do jornalismo – informar, orientar e entreter – que já tinham sido especificadas por Luiz Beltrão, sem que a dimensão do entretenimento se desdobrasse em gênero, o que é assumido posteriormente por

Marques de Melo. Com Erbolato (2006), entre outros autores, revisa a noção diversional no jornalismo como oriunda de contexto estrangeiro e lembra o *new journalism* estadunidense:

> "Alguns jornalistas começaram a produzir matérias em que descreviam situações, reproduziam diálogos e, até mesmo, revelavam 'os sonhos e conjecturas de cada pessoa envolvida na narrativa'" (Assis, 2010, p. 145).

Francisco de Assis torna-se discípulo de Marques de Melo com pleno domínio sobre as lições do mestre na temática e realiza importante revisão teórica sobre o Diversional. Em sua tese de doutorado, o acadêmico explica desde a etimologia, com "origem latina, advinda de *inter* (entre) e *tenere* (ter). Sua versão inglesa – *entertainment* – também incorpora, como significado, 'aquilo que *diverte* com distração ou recreação'" (Assis, 2014a, p. 39) até considerações sociológicas como a do estadunidense Robert Park que advertia sobre a preferência do cidadão comum em ser entretido, mais do que edificado.

Num trabalho de arqueologia sobre o conceito, Assis (2014b) aponta o livreto *Jornalismo Diversional*, de Marques de Melo (1971), como primeiro lugar em que o termo aparece, entretanto apenas como coletânea de textos jornalísticos, demonstrando que "o trabalho jornalístico que se permite criativo demonstra ser a essência do gênero diversional" (Assis, 2014b, p. 7). Registra, porém, como primeira obra a definir o termo, o livro de Erbolato (2006), autor que, em 1978, fala desse gênero como aquele em que o repórter vive o ambiente e se envolve nos problemas.

Ao recortar sua tese, Assis selecionou o jornalismo impresso como objeto de pesquisa e dialoga com aqueles que defendem a existência do gênero jornalístico literário. Segundo ele, "a diversão se estabelece no terreno da imprensa, inicialmente, por meio da literatura" (Assis, 2014a, p. 55) e recorda a proeminência do"jornalismo boêmio".

A delimitação pela literatura também tem orientado estudos de Soster quando se aplica à observação do Gênero Diversional (Soster *et al.*, 2013; Soster, 2012). Por enquadrarmos o jornalismo televisivo, não entraremos na discussão da relação entre imprensa e literatura, apenas ressaltamos que para Marques de Melo a expressão jornalismo literário não configura gênero, por ensejar adjetivação que levaria a conteúdos temáticos, assim como acontece no jornalismo esportivo, jornalismo econômico etc.

Acompanhando o debate, entendemos que é do *fait divers,* em Barthes (1970), que o pensamento de Marques de Melo mantém-se atento ao diversional, indo além dos modelos da literatura tradicional. A estilística da escrita no impresso requer uma explicação que se complexifica num meio como a televisão. São as bases conceituais do fenômeno jornalístico, para qualquer suporte, que permitem a aproximação:

> "O jornalismo emotivo ou hedonístico, suprido pela criatividade do gênero diversional, só adquire legitimidade no final do século XX. Surge, no pós-guerra fria, como uma contingência jornalística, lutando para sobreviver num ambiente midiático dominado pelo entretenimento. A ascensão do *show business* contamina a produção informativa, induzindo ao resgate de certas formas de

expressão que mimetizam os gêneros ficcionais, embora os relatos permaneçam ancorados na realidade (Barret, 1965; Johnson, 1971; Bernal & Chillón, 1985; Lima, 1993)" (Marques de Melo, 2010, p. 5-6).

O diversional contempla a complexidade jornalística no que concerne inclusive a variedade de canais de comunicação ora vigentes, o que nos permite – buscando comprovação no *Encontro com Fátima Bernardes* – problematizar um gênero específico, como forma discursiva de prática jornalística em ascensão.

O Gênero Diversional mobiliza técnicas dos tempos atuais. Mas faz décadas que Marques de Melo ronda este enfoque, desde que publicou o opúsculo de 1971. Assis aponta o orientador como pioneiro na adoção do termo para designação das matérias jornalísticas com recursos típicos da literatura e que a primeira publicação com a nova classificação dos gêneros jornalísticos marquesianos é um artigo de orientandos de Marques de Melo no 21° Congresso Brasileiro de Ciências da Comunicação. Em Dias *et al.* (1998), temos, então, a definição: jornalismo diversional é informação que diverte.

2.2 JORNALISMO DE ENTRETENIMENTO NA TELEVISÃO

Há particularidades a serem contempladas pelos gêneros jornalísticos inseridos na televisão. "Não basta apurar somente os fatos, investigar, buscar fontes confiáveis e interpretar a notícia. É preciso fazer uma mercadoria a ser desejada (...) o jornalismo precisa entrar na dança da diversão, da realidade esteticamente agradável", enfatiza Temer (2009).

> "À parte todo um discurso sobre as potencialidades educativa e jornalística do veículo, e até mesmo estudos comprobatórios sobre ambos os pontos, a história do seu desenvolvimento em vários países inclusive no Brasil, mostra que a televisão aberta se instala e conquista audiência como um veículo voltado para o entretenimento. Em função disso, o espaço dedicado ao telejornalismo é comparativamente menor e, no que se refere ao conteúdo, está sujeito a uma série de oscilações resultantes da pressão do mercado" (Temer, 2001, p. 21).

O entretenimento é marca do fenômeno televisivo, como já vislumbrava McLuhan (1964, p. 351) ao declarar que "a imagem da TV, visualmente, apresenta baixo teor de informação". O canadense, sabemos, foi visionário ao discorrer sobre a singularidade e diversidade engendradas como nunca antes pela era da eletricidade, por perspectivar os meios de comunicação para além das análises de conteúdo (mensagem), uma vez que as experiências com a televisão passam pela extensão dos sentidos humanos, pelos meios.

McLuhan introduzia a compreensão do meio televisivo em contraste com os impressos:

> "(...) nem mesmo a mais lúcida compreensão da força particular de um meio pode evitar o comum 'fechamento' dos sentidos que nos conforma aos padrões da experiência apresentada. A mais íntegra pureza mental não serve de defesa contra as bactérias, embora os confrades de Louis Pasteur o tivessem expulso da profissão médica, por haver feito torpes alegações sobre a ação

> invisível das bactérias. Para haver resistência à TV, é preciso haver o anticorpo de meios relacionados, como a imprensa" (McLuhan, 1964, p. 370).

Acrescenta o canadense:

> "A experiência de uma pessoa é sempre superior à sua compreensão, e é a experiência, mais do que a compreensão, que influencia o comportamento, especialmente nas questões coletivas que dizem respeito aos meios e à tecnologia, de cujos efeitos, quase inevitavelmente, o indivíduo raramente se dá conta" (McLuhan, 1964, p. 358).

Indagando-se sobre uma suposta televisão educacional, o canadense chegou a ideia de híbrido, aquilo que "não é uma coisa nem outra" (McLuhan, 1964, p. 373). O envolvimento com o imediatismo televisivo, dizia o intelectual, leva as pessoas a um envolvimento "móvel e comovente, mas que não nos excita, agita ou revoluciona. Presume-se que seja esta a característica de toda experiência profunda" (McLuhan, 1964, p. 379).

O desenvolvimento da televisão faz com que o entretenimento intrínseco ao meio se apresente em modalidades diversas, como nos gêneros jornalísticos televisivos. Denominações como *infotainment* procuram dar conta do fenômeno. Para uma relação entre informação e entretenimento na TV Globo, Santos (2011) destaca os programas *Globo Repórter* e *Fantástico*, em que o segundo seria visto pela emissora como um meio-termo entre o *Globo Repórter* e os telejornais. No interior do *Fantástico* surgiu, em 2006, o *Profissão Repórter*.

> "No programa, as reportagens duravam 12 minutos e, além disto, mostrava-se o processo de produção da matéria que estava sendo transmitida. O uso de recursos gráficos atrelados ao elemento entretenimento da TV, que, historicamente marcou o programa dominical, foi também apropriado pelo quadro que havia surgido em abril daquele mesmo ano no *Globo Repórter*" (Santos, 2011, p. 176).

É da gênese no *Fantástico* que nasceria em *Profissão Repórter* a "aposta de articular, de forma evidente, a informação com o entretenimento", acredita Santos (2011, p. 177), apesar de que do ponto de vista do formato, no contexto da grade da Rede Globo, a semelhança de abordagem aproxima-se um pouco mais do *Globo Repórter.* Santos exemplifica momentos em que o programa promove o telejornalismo de atração, para causar choque no telespectador. Descreve roteiros com *storytelling,* para o elo com entretenimento. Vê ainda a emoção de personagens nos enquadramentos de câmera e recursos como a serialização, "reforçando se tratar de um programa que emprega estratégias oriundas das narrativas ficcionais" (Santos, 2011, p. 181).

Em *Profissão Repórter,* o jornalista Caco Barcellos é narrador onisciente de um programa que "aproxima o jornalismo da sensibilidade, alterando a imagem defendida por certa tradição teórica que pensa que o jornalismo tem que ser observador imparcial da realidade" (Santos, 2011, p. 181). Jornalistas, na condição de personagens, são características essenciais, para Santos, na análise dos moldes de um produto diferenciado dos padrões informativo-jornalísticos, o que deriva em uma função metalinguística para a profissão.

Seja em programas de caráter grotesco como *Programa do Ratinho*, de Carlos Massa, ou descolados como *Programa Livre*, de Serginho Groisman, o sucesso para o entretenimento depende de apresentadores, que se tornam o motor para elaboração de cada proposta. "A personalidade, o estilo, a alma ou qualquer outro adjetivo que qualifique a atuação do âncora/apresentador é tão importante que eles são, realmente, os responsáveis pelos seus programas, ou seus verdadeiros diretores" (Temer; Tondato, 2009, p. 73).

Assim, a lógica televisiva se estrutura pelo viés do entretenimento e o próprio jornalismo de qualidade apresenta-se como tal, mas há formatos que se apresentam como pura função de entretenimento, como os programas de auditório. Segundo Temer e Tondato (2009, p. 60), o primeiro animador/apresentador da TV brasileira foi Homero Silva, na TV Tupi, em 1950, quando foram levados para televisão os shows de variedades radiofônicos, em que a presença de artistas, músicos e humoristas são importantes elementos do produto comunicacional. O público como parte do espetáculo era a tônica do gênero, com o comando de comunicadores brasileiros de grande sucesso como Flávio Cavalcanti, Chacrinha, Silvio Santos, Hebe Camargo.

Vale lembrar que o auditório também já se prestou a clássicos do jornalismo, como o programa *Pinga-Fogo*, da TV Tupi, de São Paulo, onde foi feita uma das entrevistas mais marcantes da televisão brasileira, em 27 de julho de 1971, com o médium Chico Xavier.

Mas sendo o Gênero Diversional aquele que diverte e estando dentro do meio televisivo que é por excelência de entretenimento, como ficam os pressupostos do jornalismo? Ao dissertar sobre a hipertelevisão, Gordillo (2009) fala de uma evolução do gênero informativo para o *infoshow*. Transita dos formatos informativos da *paleotelevisão* (noticiário, reportagem, documentário, entrevista, debate, informação temática) para noticiários, revistas de atualidade, reportagens de investigação, programas de debates ou entrevistas, magazines, *talk shows*, enfim, programas consolidados que passam a ser moldados para o *infoentertainment.*

De acordo com Gordillo (2009, p. 92), são habituais na *hipertelevisão* – aquela que se harmoniza com o fenômeno multitelas – os formatos híbridos entre "*docusoap, reportaje de investigación, magacin y reality show*", bem como hibridizados entre "*investigación y docudrama rosa*", além do encontro entre "*reportaje, entrevista y colóquio*", bem como o formato de *info-humor* e também híbridos entre "*el reportaje y los programas de variedades*", cujos temas seguem critérios de entretenimento e em segundo plano os aspectos informativos.

Para acompanhar as transformações em curso é indispensável aperceber-se dos interesses comerciais que orientam a indústria cultural, que adentram em (e criam) novos cenários. As tendências seguem rotinas produtivas e produtos controlados para os lucros que as empresas almejam. Atualmente, os ganhos da televisão se conectam à possibilidade de alavancar novas oportunidades pela convergência das mídias. Apostar em inovações requer algo novo conectado a algo conhecido. Não é de hoje a simbiose entre televisão e artistas para decisão sobre os produtos televisivos no campo do entretenimento, em particular na Rede Globo de Televisão, como vemos em Sobrinho (2011) que relata os bastidores da construção do império global com a captura dos profissionais que já tinham renome em outros veículos.

Diante deste quadro, é evidente a necessidade de recursos metodológicos que definam e orientem novas práticas e estudos sobre jornalismo, no contexto do entretenimento televisivo. Um esforço por coerência na averiguação de formas, conteúdos, intencionalidades, efeitos, que joguem luzes sobre o fenômeno jornalístico como um todo, de modo que a formação nesta área oriente tanto os profissionais quanto o público interessado. Foi no ambiente propício ao entretenimento na televisão que se moldou o telejornalismo diversional.

2.3 AUTOR-MARCA NO GÊNERO JORNALÍSTICO DIVERSIONAL NA TV

O imperativo financeiro limita as decisões da indústria; empresas como a Globo possuem uma larga experiência com pesquisas para fundamentar suas diretrizes. Mesmo assim, também enfrentam incertezas para apostar em programas pioneiros. O novo requer investimentos cujas possibilidades lucrativas são um risco perto da aposta em fórmulas já testadas.

A TV Globo mantém-se como mídia predominante em investimentos publicitários e registra a maior audiência há mais de trinta anos. O trabalho para manutenção da liderança coloca-a ao lado do gosto médio da população, firmando-se como o veículo de comunicação mais abrangente do país continental. Nem elitista, nem popularesca, é o desafio do equilíbrio de identidade da Globo.

O diversional televisivo precisa se ajustar ao "gosto médio", por mais polêmica que seja esta condição. No jornalismo diversional verificado nos impressos, entretanto, a proximidade com o que alguns chamam de jornalismo literário (para ocorrência dos formatos de história de interesse humano e história colorida) estimula formulações de uma prática jornalística elitista. Os exemplos práticos de Assis (2010) em matérias do *Jornal do Commercio* e do *Zero Hora* são ilustrativos.

Os casos mencionados ultrapassam o *hard news* por oferecerem um tratamento textual bem cuidado que "diverte" uma faixa selecionada de leitores refinados, diferentes da camada média da população. Na televisão, por outro lado, há no caso do *Encontro com Fátima Bernardes* um *locus* de abrangência em meio de campo, do ponto de vista do público, que favorece a realização diversional, mantendo-se recepção mais abrangente.

EFB reformula-se numa busca de aprimoramento entre o jornalismo e o entretenimento. Alguns quadros de humor mesclados com jornalismo, na primeira fase com a presença do humorista Victor Sarro, foram reduzidos logo no primeiro ano. O aprimoramento do diversional buscou caminhos como, por exemplo, maior investimento em números musicais e cenários, notando-se que as exibições ao vivo firmaram um dos grandes diferenciais da proposta inovadora.

Há produções que se apropriam também de técnicas da produção das telenovelas para dar um tom emotivo às notícias. Na Rede Globo, a vizinhança entre o *Jornal Nacional* e a novela das oito, campeões brasileiros de audiência, transforma em proeminências nacionais tanto os artistas quanto os jornalistas. Com esta percepção, olhamos mais de perto o fenômeno diversional sob as condicionantes da função autor-marca, que temos debatido em alguns trabalhos (Laurindo, 2009, 2011, 2010).

Na natureza humana é pelo singular que se infere o universal (geral) e o particular (comum), dimensões da vida articuladas entre si, numa relação triádica lógica. Existe uma necessidade social de que os jornalistas "toquem" naquilo que está em lugares onde todos não podem estar ao mesmo tempo. Precisa-se da identidade daquele que esteve "lá", um corpo dialético que faça a transição do universal, esforçando-se contra a servidão de interesses particulares (Laurindo, 2009). Trata-se de aferir uma função mediadora consciente e explícita, ou seja, o exercício de uma práxis autoral jornalística.

As tipologias de autor-jornalista e autor-marca permitem diferenciar o fazer jornalístico a partir dos gêneros jornalísticos. Com a intensificação da presença da mídia no cotidiano das pessoas, as fronteiras entre diferentes funções de linguagem tornam-se mais difusas, sobretudo no binômio ficção/realidade, exigindo novos modelos de análise. O fenômeno dissemina-se em todos os meios de comunicação (rádio, TV, impresso, livro, internet) e as grandes organizações de comunicação, como a Globo, tornam-se modelos que são copiados pelos veículos regionais. Assim, é importantíssimo para formação comunicacional brasileira saber como os gêneros abrigam a condição autoral dos jornalistas.

Os conceitos de autor-jornalista e autor-marca fazem ver as relações individuais e coletivas sintetizadas em sujeitos que elevam a algum grau de universalidade os seus pensares e práticas, caracterizadas neste ou naquele gênero jornalístico (Laurindo, 2009). São tipologias que questionam a intenção comunicacional e resgatam o tipo ideal weberiano, que surge como orientação para a variedade de fenômenos observáveis na vida social."No que se refere à investigação, o conceito de tipo ideal propõe-se formar o juízo de atribuição. Não é uma 'hipótese', mas pretende apontar o caminho para a formação de hipóteses"(Weber, 1999, p. 106). O tipo ideal facilita a caracterização de condutas profissionais inseridas em organizações.

Reiterando o que conceituamos em tese própria, portanto, a função autor-jornalista expressa a dimensão singular, do testemunho, com as respectivas conexões que explicam as relações do indivíduo com o mundo. No momento em que se expressam as inter-relações, o mundo que se abre é aquele do autor-jornalista que dá ao leitor chance de divergir ou concordar, permite uma leitura como campo de conexões ao sabor das condições coautorais.

Trazendo às reflexões conceitos próprios, encontramos no programa de Fátima Bernardes uma configuração exemplar. Agora, com a junção dos gêneros, acreditamos sair do encarceramento de nomear como gêneros híbridos o que parece remexer com os padrões jornalísticos. Para sair do rótulo de gênero fronteiriço, que não posiciona para uma coisa nem outra, pois é um campo transitório. Aos poucos, relevaram-se práticas jornalísticas de Gênero Diversional, evidentemente que sofrendo alterações que acompanham a origem do termo desde que Marques de Melo fixou-se nas ocorrências do *fait divers,* para compreender as narrativas do cotidiano de modo diverso e divertido.

Foi visto que embora a nomeação e classificação de gêneros jornalísticos seja matéria desenvolvida há várias décadas na academia brasileira, nem sempre é coerente com a dinâmica das práticas de mercado. Entender esta realidade aplicada no programa *Encontro com Fátima Bernardes*, analisando-se prática autoral, integra-se ao compromisso metodológico de evidenciar maior clareza desde a intencionalidade da produção, suas formas de expressão e o consumo de mensagens midiáticas, enfim, objetivo dos estudos de José Marques de Melo sobre gêneros, vigilante quanto ao processo comunicacional e sua articulação com os acontecimentos, a expressão jornalística e a apreensão pela coletividade.

TRÊS

Gêneros Jornalísticos no Encontro com Fátima Bernardes

3.1 A OPÇÃO PELO ENTRETENIMENTO

Encontro com Fátima Bernardes é um programa da Rede Globo de TV, com plateia, transmitido de segunda a sexta-feira, de 10h40 às 12h, desde 25 de junho de 2012. Aborda temas do cotidiano, com a presença de pessoas comuns, especialistas, personalidades, artistas, famosos, profissionais de diversas áreas, sob a condução comunicativa da jornalista Fátima Bernardes. Diante das câmeras permanecem com a apresentadora, há três anos, o comediante Marcos Veras e o jornalista Lair Rennó.

Seja com jornalistas do programa ou de outros setores da Globo, o *EFB* conta com reportagens, já tendo exibido trabalhos de Lília Teles, Gabriela Lian, Aline Prado, Larissa Bittencourt, André Curvello, Felipe Andreoli e Mona Lisa Duperron, entre outros. Nos primeiros meses, os programas eram apenas ao vivo, de segunda a sexta, posteriormente as edições de sexta-feira eram gravadas, além de algumas edições nos feriados ou devido a excepcionalidades. Desde o segundo ano de programa, Fátima escalou para suas férias alguns substitutos como Lair Rennó, Ana Furtado, Dan Stulbach e Marcos Veras.

A direção de núcleo é de JB Oliveira (Boninho); na direção teve Mário Márcio Bandarra, Fabrício Mamberti, Maurício Arruda, Micael Langer, Giuliano Chiaradia, Paola Pol Balloussier; Carlos Jardim atuou como editor-chefe. O músico Branco Mello prestou consultoria musical e participou de muitos programas. É uma equipe imensa, com mais de 150 pessoas. Uma obra criada por Guel Arraes, Claudio Manoel, Geneton Moraes Neto e Fátima Bernardes.

EFB estreou em ambiente representando informalidade, estimulando a conversação que informa e proporciona entretenimento. Temas contextualizados com histórias de vida num enredo costurado por diferentes pontos de vista, com propósito dialógico evidenciado na postura respeitosa e humana de Fátima Bernardes.

O comportamento de Fátima na tela transformou-se radicalmente em relação à imagem séria que representou durante mais de uma década no *Jornal Nacional*. Preferiu um perfil rejuvenescido, com cabelos ondulados e soltos, roupas menos formais e toques individuais como os famosos maxi colares que estimularam o consumo desses adereços no país sem uma prévia estratégia mercadológica, pois começou como gosto da apresentadora, que levava até suas bijuterias pessoais.

Menos desenvoltos que a estrela principal, os convidados recebem o acolhimento da apresentadora e logo ficam à vontade no estúdio. Antes das câmeras serem ligadas há um encontro nos bastidores, inclusive da plateia geral, para ambientação e ingresso ao espaço das luzes.

Em três anos de programa as mudanças de cenários e de quadros alteraram a relação primordial com a plateia, porém mantém-se o pilar mais importante, que é o posicionamento autoral da apresentadora. Para a identificação do estilo de Fátima Bernardes, foi fundamental a ruptura com o conhecido visual com que ela era enquadrada no padrão global de qualidade, que exibia uma figura oposta ao que hoje se vê, de roupas e movimentos corporais leves, assim como os penteados (com cabelos mais compridos e ora cacheados), liberdade conversacional, sorrisos.

O enquadramento do *EFB* em algum padrão clássico ou fórmula já usada não se ajusta. Entre variedades, informativo, entretenimento, show, *talk show*, várias foram as tentativas de rotular. Em geral, com base na pequena audiência do início, vinham críticas como a de Murilo Melo, em sua coluna no *Jornal A Tarde*, em 3 de julho de 2012, sob o título "Com formato confuso, Encontro com Fátima Bernardes não inova"[1]. Só que surgia um perfil distinto do padrão jornalístico, com atributo de marca e diversão ainda não assimilado. Em 4 de fevereiro de 2014, o programa é nomeado no rol da *Rede Globo* separado do campo de notícias ou entretenimento etc. Simplesmente sob a insígnia Rede Globo.

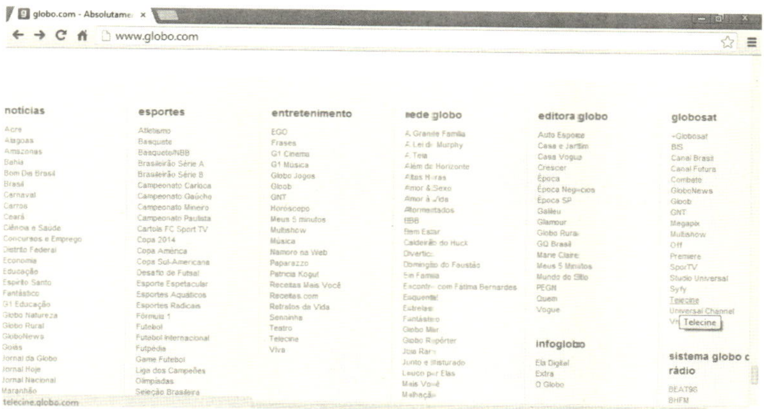

Entretanto, há necessidade comercial de se agrupar em algum conjunto de programas. Em outro campo aparece como Variedades:

---

1 Disponível em: <http://atarde.uol.com.br/cultura/televisao/noticias/1086180-com-formato-confuso,-encontro-com-fatima--bernardes-nao-inova>. Acesso em: 4 jul. 2015.

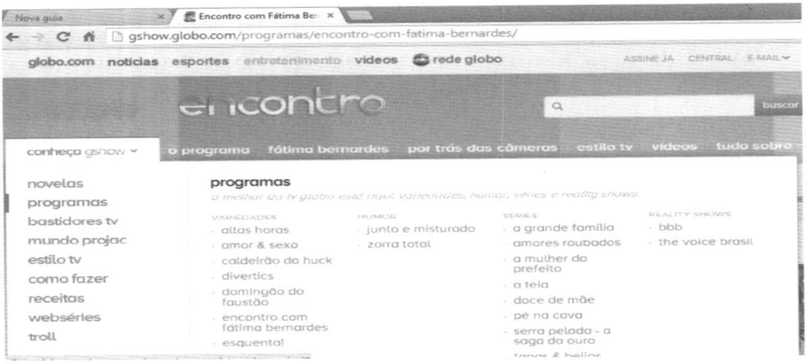

Na imagem final do programa, o termo Entretenimento:

› Tela capturada em 4 de fevereiro de 2014 – relativa ao programa de 3 de fevereiro de 2014, nos últimos segundos do programa.

Na linha do entretenimento desde os primeiros programas, de 2012, o *Encontro* conta com quadros humorísticos, permanecendo a batuta de Marcos Veras. Brincadeiras, atrações musicais, interações estimuladas via web. A opção por mais espaço aos temas leves ao longo dos meses e maior tempo dedicado às atrações musicais, reforçou a opção. Diferenças sutis e despojadas, sem cair no grotesco. Alterações porventura pelo próprio percurso da apresentadora, autora-marca, transitando de imagem marcada pelo *Jornal Nacional*, rumo à identidade de quem resolve se mostrar como sujeito do seu discurso, sem amarras. A linha jornalística, todavia, é segura, de modo que são abertas janelas para notícias de última hora, entre outras produções informativas. Num outro tipo de programa isso aconteceria em edição extraordinária, transferência para o noticiário mais próximo ou para o plantão da Central Globo de Jornalismo. Em *EFB* aparece no interior do mesmo, num encaixe pertinente e aberto a comentários da apresentadora e seus convidados, com entradas ao vivo.

O diversional em *EFB* explicita que nem todo enquadramento jornalístico depende do padrão global de jornalismo para obter credibilidade. Num conjunto de fatores que já existiam na Globo, mas que se uniram de forma inusitada em *EFB*, surge uma linha descontraída, alicerçada no bate-papo, garantida pelo talento conversacional da apresentadora, que imprime descontração sem precisar da tradição do *talk show*, graças ao aparato profissional jornalístico no qual está alicerçada. São dez produtores, dois editores, seis roteiristas; na parte de criação umas trinta pessoas e contando-se a equipe de estúdio e externa, muito mais, nos primeiros dois anos de programa.

As pautas variadas nascem das ruas, chegam por assessorias, pelos artistas que vão aos programas, telespectadores; há um controle bastante atento sobre a Central de Atendimento ao Telespectador e à Internet.

Ana Paula Brasil, primeira chefe de reportagem de *EFB*, tendo trabalhado com Fátima antes da virada, gerenciava as pautas que chegavam pelo Twitter e disse que as ideias chegam de todo lugar, sem regras:"os produtores são permanentes caçadores de pauta. Ando na rua, pra mim tudo é pauta; estou de férias e vejo pauta", disse ela em entrevista para a presente pesquisa.

De todo modo, são temas a comporem um cenário comandado por Fátima. Para compreensão de como uma jornalista marcada pelo padrão global do *hard news* deu uma reviravolta para compor um programa cujo aspecto diversional só se garante graças à sua competência comunicacional, de apresentadora-jornalista, é importante saber um pouco sobre Fátima Bernardes.

3.2 FÁTIMA BERNARDES

Filha de Amâncio, sargento da aeronáutica, e Eunice Bernardes, dona de casa, Fátima Gomes Bernardes nasceu em 17 de setembro de 1962, no Rio de Janeiro. Ao balé clássico, dedicou-se com propósito profissional durante dezessete anos. Viveu em ambiente familiar de estímulo aos estudos. Escolheu a Faculdade de Jornalismo, da Universidade Federal do Rio de Janeiro. O foco na mídia impressa direcionou-a para o jornal *O Globo*, onde foi *freelancer* por dois anos, contratada para o *Jornal de Bairros*. No jornalismo local da Globo-Rio teve o primeiro emprego como repórter de TV, em 1987.

Depois de ser estagiária do *Fantástico*, em maio de 1989, substituiu Leila Cordeiro no *Jornal da Globo*, dividindo bancada com Eliakim Araújo. Em 1993, ingressou como apresentadora do *Fantástico* ao lado de Celso Freitas e Sandra Annenberg. Em 1996, assumiu o posto de editora--chefe do *Jornal Hoje*. Em março de 1998, entrou para a equipe do *Jornal Nacional*, onde ficou mais conhecida e manteve-se até 2011.

Também é reconhecida pelo casamento com William Bonner, que conheceu na empresa. Em 2002, declarou em entrevista: "Já é um desafio entender que no trabalho o marido precisa ser de um jeito diferente do que é em casa. Piora pelo fato de ele ser meu chefe imediato" (*Veja Mulher*, 2002). Foram sete anos de casamento até a vinda dos trigêmeos Beatriz, Laura e Vinícius. Fátima é um exemplo positivo da gestão feminina entre vida pessoal e profissional. A coragem de chegar ao último dia de apresentadora do telejornal mais importante do Brasil, em 5 de dezembro de 2011, com proposta de grande mudança, foi movida, entre outras razões, por um desejo de promover uma carreira aliada à dedicação familiar. Criou uma rotina de mais tempo com os filhos, com os quais passou a ter oportunidade de jantar todos os dias, o que era impossível antes, devido à rotina e horário do *Jornal Nacional*.

O percurso profissional de Fátima é repleto de coberturas históricas. Foram marcantes as viagens internacionais na carreira da jornalista, como o caso do furacão Andrew, Copa do Mundo de 1994 e 2010, eleições estadunidenses de 2002, 2004, Olimpíadas de Barcelona e Atlanta, além de centenas de eventos brasileiros de nível internacional como a visita do Papa ao Brasil, em maio de 2007, fora as entrevistas de peso com autoridades, como presidentes eleitos.

De todos os trabalhos, a presença nas Copas Mundiais parece ter aberto o conhecimento de Fátima para iniciativas ao entretenimento no jornalismo. Depois de entradas ao vivo da Coreia do Sul e Japão, em 2002, recebeu homenagem dos jogadores como musa da seleção brasileira. O trabalho ao lado do marido, na bancada do telejornal mais importante do país, também foi um diferencial na profissão.

A bagagem de jornalista foi consolidando um nome, uma marca. Assim, em 2011, reuniu-se uma equipe em torno do projeto *Encontro com Fátima Bernardes*. O trabalho contínuo alicerçado na marca Fátima Bernardes chegou a realizações inusitadas, como a primeira propaganda, da empresa Seara, para a qual ela empresta a imagem, em 2014, como se pode ver numa reprodução da última capa da revista *Minha Novela*, da Editora Abril, n. 759, do mês de março:

O ESTADO DE S. PAULO

SEGUNDA-FEIRA, 17 DE MARÇO DE 2014 Economia B5

O PRIMEIRO COMERCIAL A GENTE NUNCA ESQUECE.

Fátima Bernardes foi, durante anos, jornalista. Hoje, além de jornalista, é também apresentadora. Mas nunca tinha feito propaganda. Até que fez seu primeiro comercial para a Seara. A primeira vez, como sabemos, é inesquecível. Mas umas são mais inesquecíveis que outras.

Logo após a primeira veiculação do comercial, em pesquisa encomendada pelo departamento de marketing da Seara, descobrimos que 98% das pessoas que viram o filme acharam ótimo ou bom. 95% avaliaram que a campanha passa credibilidade. 95% disseram que, ao assistir ao comercial, ficaram com vontade de experimentar Seara. 95% disseram que a Fátima combina com a marca. Além disso, na noite do lançamento do filme, a Fátima Bernardes foi trending topic no Twitter. Ela mesma postou fotos do making of da campanha no seu Instagram. E, aliás, o barulho foi tanto que até o Instagram do seu marido bombou quando ele, totalmente, postou uma foto da esposa durante as gravações.

É claro que a credibilidade da Fátima teve um papel fundamental nesse sucesso todo. Mas acreditamos também que a campanha ajudou. Ao levar o consumidor a sério, ao respeitar sua inteligência com um discurso claro, direto e sem muitos autoelogios. Ou seja, um jeito de se comunicar que tem muito a ver com a Fátima. Tanto isso é verdade que a própria Fátima Bernardes se sentiu à vontade para escrever o primeiro anúncio da vida dela, numa homenagem da Seara ao Dia Internacional da Mulher.

Fátima, a gente também não vai esquecer o seu primeiro comercial.

McCANN

A agência das campanhas inesquecíveis.

Vê-se na segunda imagem, um anúncio publicado no jornal *O Estado de São Paulo*, de 17 de março de 2014, na página B5. Propaganda da propaganda, tal era o ineditismo do fato. O caso de Fátima Bernardes é inusitado em sua carreira e, sobretudo, na relação entre jornalismo e publicidade nas Organizações Globo. Constrói-se um sentido de marca distinto do que se encontra em outros programas televisivos que introduzem elementos comerciais em programas supostamente jornalísticos. O diferencial é resultado da composição de gêneros no programa *Encontro com Fátima Bernardes*, que nasce da passagem da autora-jornalista para autora-marca.

3.3 INFORMATIVIDADE – ENTRE A RECEPÇÃO E A AUDIÊNCIA

Em entrevista concedida para a presente pesquisa, a chefe de reportagem do *Encontro com Fátima Bernardes*, Ana Paula Brasil[2], entende que a função informativa mantém o traço jornalístico como foco do programa. Contudo, bem diferente de um telejornal, em que a oferta é maior "porque tem fontes de Governo, assessorias de imprensa; a peneira de um telejornal é mais complexa. Aqui as pessoas já oferecem coisas de nossa praia. Mas o caminho é o mesmo, chega de origens variadas".

"Sinto-me igualmente jornalista", manifesta Ana Paula, porém "o meu olhar mudou", de modo que ao pensar no assunto para noticiar elabora também coisas que podem acontecer no palco: "não me sinto menos jornalista porque trabalho num programa de entretenimento, mas o meu olhar mudou". Quanto à informatividade avalia que as pessoas esperam mais de um telejornal, que:

> "tem a obrigação de informar; se propõe a isso. Como o lema do *Jornal Nacional* de trazer o que de mais importante aconteceu naquele dia no Brasil e no mundo. Então, as pessoas esperam mais isso de um telejornal e da gente um momento de reflexão, de entretenimento, de uma boa discussão, ouvir uma boa história" (Depoimento de Ana Paula Brasil à pesquisadora).

---

2 Ana Paula Brasil concedeu-nos entrevista no Projac em 17 de outubro de 2013, portanto antes da propaganda em que Fátima aparece.

Mesmo sob o rótulo de entretenimento exibido na tela final do programa, *EFB* traz caráter informativo para as manhãs, com assuntos diferenciados, além de notícias curtas sobre o que acontece no Brasil e no mundo, tratados com o rigor dos parâmetros jornalísticos quanto à apresentação de fatos. Com especialistas na discussão, aumentam as perspectivas informativas, interpretativas e opinativas, gerenciadas pelo posicionamento conversacional de Fátima Bernardes, que indaga por experiências dos convidados e pede opiniões, além de não se furtar de emitir a sua. Desse modo, permanece o sentido de vigilância e fiscalização, da necessidade de informação, com pontos de vista distintos e envoltos em clima de entretenimento quando costurados com cenas de telenovela, brincadeiras, danças e quadros de humor.

Segundo a chefe de reportagem Ana Paula Brasil, não há restrições de pauta, a não ser pela temática de proximidade com os outros programas da grade matutina da Globo, como o *Bom Dia Brasil, Mais Você* e *Bem Estar*. Se noticiar o mesmo tem que ter um algo mais. Precisa haver relação com o assunto programado, para "entrar mais forte no factual. É uma avaliação diária. Todo mundo vai dar? Então não entra como formato de notícia, mas na discussão". Ela acredita que:

> "com o tempo, todo mundo entende mais ou menos a filosofia do programa e as sugestões passam a ser mais assertivas. Costumo dizer que tudo pode. A gente evita algumas coisas como pautas muito médicas porque a gente entra colado com o *Bem Estar*; ou pautas de culinária e cozinha porque a gente entra muito próximo da Ana Maria. Serviços de passo a passo de ensinar

> a fazer as coisas também é característico da Ana Maria. Então a gente evita um pouco isso para não bater com os programas que estão muito próximos, não entrar na praia deles. Se eu tivesse que definir uma linha geral eu acho que é comportamento. Mas é um guarda-chuva amplo, você encaixa muita coisa aí. O bom da pauta desse programa é que tudo pode, cuidando só para não bagunçar a grade porque tem programas com características muito marcantes perto da gente" (Depoimento para a pesquisa).

EFB conta com a presença de convidados que refletem a diversidade da sociedade brasileira (nos surpreendemos com cidadãos comuns de nossa cidade, Blumenau, presentes na plateia) levando o telespectador a identificar-se com o que se passa no estúdio, pela variedade em foco. Na primeira fase do programa, a apresentadora se situava muito próxima de seus convidados, graças à disposição do cenário; posteriormente houve um deslocamento, resguardando o potencial da identificação projetiva dos telespectadores mais pelos elementos da ficção televisiva do que pela aparição dos convidados comuns.

As intenções de um programa mudam com as avaliações constantes; não obstante permanecem os princípios firmados que são, no caso de *EFB*, guiados pelo eixo do Gênero Jornalístico Diversional, graças à maestria da autora-jornalista-marca. O que não impede outros traços pertinentes ao jornalismo como, por exemplo, um caráter utilitário. Veja-se a história exibida no programa de 2 de julho de 2012, em que Fátima conta a história de uma mulher nigeriana que chegou ao Rio de Janeiro no dia 19 de junho para participar da Conferência das Nações Unidas Rio+20, mas por ter o passaporte furtado não conseguiu embarcar de volta. Hadijatou Aboubacar Anadou foi acolhida pela professora brasileira de inglês Élida Hederick. Funcionária do Ministério da Educação da República do Níger, Hadijatou precisava de um documento da embaixada nos Estados Unidos.

O programa enquadrou um drama humano, da mulher abandonada no aeroporto do Rio por não conseguir embarcar com outros sessenta nigerianos, a burocracia dos trâmites entre os países, a solidariedade da família brasileira e algumas informações a respeito do Níger (Lair Rennó mostra no telão a localização do país africano). Por fim, algumas horas após o programa, Hadijatou recebeu a informação de que poderia voltar para casa, pois devido à exposição dada, a Embaixada do Níger nos Estados Unidos emitiu um passaporte de emergência. No dia seguinte, o programa é aberto com uma carta da mulher, lida pela jornalista Lília Teles que também conversa com a brasileira Élida Hederick, que acolheu a africana. O *Encontro* ajudou a volta ao país da nigeriana esperada por cinco filhos, dos quais a mais velha estava com casamento marcado para duas semanas depois. Produziu-se uma matéria para completar o caso sobre pessoas que foram trabalhar nos Estados Unidos; o jornalista Lair Rennó ensinou a tirar o visto americano, dando a informação de que nos meses de abril e maio de 2012 foram 183 mil as pessoas que tiveram o visto concedido e, até julho, 400 mil brasileiros já tinham viajado aos Estados Unidos. Deu a dica sobre o passo a passo para retirada do visto no site globo.com/encontro.

Com a Teoria dos Usos e Gratificações é possível acompanhar como as necessidades humanas de entretenimento, identificação projetiva, relacionamento e vigilância/

fiscalização podem ser satisfeitas com o uso dos meios de comunicação (Wolf, 1995). A satisfação em relação à recepção televisiva agrupa-se conforme gêneros, num "conjunto de atribuições socialmente construídas que permitem ao indivíduo classificar experiências e conhecimentos de forma a reconhecê-los com relativa facilidade" (Temer, 2012, p. 18).

O reconhecimento coletivo do que vai se firmando em termos de gênero cria uma relação sólida na comunicação entre aquele que fala, aquilo sobre o qual se fala e para quem se fala, como já anunciava Aristóteles para os atos retóricos.

> "(...) o gênero permite prever um espectro possível de ações e reações futuras, dando ao indivíduo elementos nos quais pode-se basear para direcionar suas ações. Os gêneros, são, portanto, elementos de mediação que facilitam, organizam e antecipam as experiências na recepção dos conteúdos da comunicação, pois impedem o caos cognitivo, a desorganização mental, e constituem um instrumento necessário de economia na aprendizagem. Quanto mais complicada é a vida moderna, mais os receptores buscam se agarrar a determinados gêneros da mídia, a determinados conjuntos de conteúdo, pois eles organizam os espaços nos quais buscam as informações, hierarquizam dados, agindo como elementos de pré-decodificação que facilitam sua relação com os meios de comunicação" (Temer, 2012, p. 18).

Para os produtores televisivos as questões relativas à recepção estão intrinsecamente ligadas à audiência. O paradigma "dar Ibope" tem sido estigma da Globo, o que muitas vezes pode ser uma obsessão até maior da própria crítica. Creio que se não houvesse persistência e personalidade de Fátima Bernardes, com uma equipe afinada, o programa teria sucumbido nos primeiros meses, dadas as exigências apressadas por pontos de audiência.

De um primeiro dia em alta, com 10,5 pontos de audiência, o programa desceu para 5,6 nas primeiras semanas de exibição, os quais bastaram para uma torrente de manifestações que colocavam a existência do programa numa suposta berlinda. Pouco mais de um ano depois, em setembro de 2013, há registros de uma média da audiência matutina em 7,5 pontos, posicionando *EFB* na liderança.

A consolidação de gêneros e formatos discursivos na televisão segue um processo evolutivo que, apesar de instabilidades, gera elementos formuladores que passam por estágios de formação, popularização e maturação (Silverblatt, 2007). Logo, houve julgamentos precipitados na fase de formação de *EFB*, como se estivesse na fase de maturação. No universo das pressões de mercado, o que aconteceu com *EFB*, em outras situações poderia alterar drasticamente os rumos de um projeto, tal o preço da exposição no contexto da Rede Globo de Televisão.

Em três meses de programa lia-se na imprensa, por exemplo, títulos como "Após 3 meses, *Mais Você* dá mais Ibope que Fátima Bernardes"[3]. Dados precários, conside-

---

3 Com texto de Ricardo Feltrin, colunista do UOL. Disponível em: <http://noticias.uol.com.br/ooops/ultimas-noticias/2012/09/19/apos-3-meses-mais-voce-da-mais-ibope-que-fatima-bernardes.htm>. Acesso em: 23 fev. 2014.

rando-se as diferentes fases evolutivas dos dois programas. O Ibope informado de *EFB* no mesmo site do UOL, em 19 de setembro de 2012, às 16h49, indicava que no dia 25 de junho (estreia) foram 7 pontos e 23,4 de *share*; em julho 5,8 pontos e 20,5 no *share*; agosto 5,6 e 21,1 *share* e nos primeiros 12 dias de setembro tinha sido de 5,4 pontos e 20,2 *share*. Contrastou com a média de janeiro a setembro de 2012 de *Mais Você* (de Ana Maria Braga) com 6,4 pontos e 26,1 de *share*; em junho 7 pontos e em julho com 28 *share*. O colunista conclui com a afirmação de que"segundo o programa *Ooops!* apurou, a ideia é manter tudo como está em 2012 nas manhãs da Globo, mas é praticamente certo que *Encontro...* tenha algumas modificações a partir de março de 2013, como novos quadros e, talvez, menos gracejos (pseudo-humor)". No mesmo tom, lê-se outra matéria em 30 de junho 2012:"Despencando no Ibope, Fátima Bernardes chora no programa da Xuxa"[4], embora as lágrimas não tivessem nada a ver com o assunto e sim com a emoção ao falar sobre seus trigêmeos.

Na verdade, nem parece ser a questão da audiência o aspecto principal da crítica. A insatisfação veio com pontos de vista ácidos como o de Urariano Mota, edição 701 do *Observatório da Imprensa*. Entre outras coisas, escreve:

> "É incrível como os criadores da Globo levaram meses para produzir um encontro murcho, medíocre. Talvez porque desejassem a reinvenção da roda. Daí que pegaram

---

4 Disponível em: <http://www.maceioagora.com.br/noticia/2012/6/30/despencando_no_ibope_fatima_bernardes_chora_no_programa_de_xuxa>. Acesso em: 23 fev. 2014.

um rosto conhecido, com aparência de madame frágil, 'feminina', e produziram um desastre. De um ponto de vista teórico, esses criadores dispunham de todas as armas, mas lhes faltaram inteligência e sensibilidade no gatilho, digamos. É claro, considerações estéticas, revolucionárias, humanistas, jamais moveram os produtores. Eles querem o sucesso dos negócios da Globo. O problema é que o Ibope – juiz supremo de suas vidas – caiu e ruma para a mesma audiência da simples logomarca, fixa, parada na tela, sem mais nada. Com a imagem do resíduo da inércia"[5].

É comum encontrarmos considerações apressadas na crítica televisiva que se pauta pelo impacto dos números do Ibope para lançar opiniões. Cremos que se não fosse o desejo legítimo, pessoal e profissional de Fátima Bernardes, o projeto teria ruído, sem tempo para os ajustes feitos ao longo dos três anos comemorados em junho de 2015.

Na entrevista concedida para a presente pesquisa pela chefe de reportagem do programa, Ana Paula Brasil, confirma-se a sustentação dos alicerces do programa: "Se tive medo de não dar certo?", indagou Ana Paula diante da pergunta sobre os abalos dos primeiros meses. Emendou com a resposta:

"Sempre achei que daria certo. Sempre apostei muito na figura da Fátima. Acho que ela é muito especial. E a gente trabalhava tanto. Dormia e acordava aqui para

5 Disponível em: <http://observatoriodaimprensa.com.br/tv-em-questao/ed701-desencontros-com-fatima/>. Acesso em: 4 jul. 2015.

botar este programa de pé; nem me lembro o que sentia na época, de tanto que a gente trabalhava, pesquisando, olhando tudo, assistindo televisão o dia inteiro, conversando, reuniões, foi muito intenso, mas nunca duvidei da capacidade dela de colocar esse programa no ar" (Depoimento para a pesquisa).

Ana Paula Brasil conhecia Fátima há dezoito anos, desde que entrou na TV Globo. Na última década esteve com ela no *Jornal Nacional* e migrou junto para *EFB*. Em outubro de 2013, mais de um ano depois do primeiro programa, falou:

> "A gente ainda está experimentando muita coisa. Para ela, muita coisa é novidade. Mas acho que funcionou, ela está feliz, conseguiu fazer o programa que ela tinha na cabeça e a gente foi testando, experimentando; muita coisa já ficou para trás, alguns quadros, formatos e para a gente tudo era novidade" (Depoimento de Ana Paula Brasil).

As novidades nos meios de comunicação passam na atualidade pela diversidade de plataformas, dispositivos, veículos, canais, programas, todos em convergência, em diálogo. *EFB* adentra, aos poucos, nos meios em que os usuários se multiplicam. Em pesquisa que orientamos no curso de Publicidade e Propaganda da Universidade Regional de Blumenau, sobre uso do Twitter por *EFB*, o estudante Darlan Kafeltz analisou as oportunidades de interação no programa, levando em conta que as redes sociais crescem como principal lugar das interações midiáticas.

As perspectivas de relacionamento midiático carecem de mais pesquisas sobre as multiplataformas. O levantamento inicial no Twitter de *EFB* por Kafeltz (2013) trouxe algumas pistas. Num primeiro momento, verificou-se que o perfil não correspondia às postagens de fãs, que exigiriam *retweets*, *replies* e *follows* para uma maior interação. Chegou-se à conclusão de que há lacunas e oportunidades a serem exploradas no que diz respeito ao acompanhamento da interação dos usuários do Twitter com o perfil do programa e seus convidados.

3.4 INTERGÊNEROS

Em razão da diversidade de formatos que expõe e anunciado pela emissora no grupo das Variedades, *EFB* facilmente recebe outro rótulo adjacente, o de gênero híbrido. Parece-nos um conceito ineficaz, por obnubilar a descrição das arestas daquilo que se apresenta como novo nascido do velho. A palavra intergêneros permite significados mais coerentes para abrir um leque de percepções sobre as modalidades comunicativas de Fátima Bernardes em seu programa, que sustentam o formato televisivo de caráter jornalístico diversional, ação pioneira na Rede Globo de Televisão.

É uma inovação inclusive de conceito de marca na rede global, com vertente oriunda do campo publicitário, desde os primórdios da televisão, com diferentes experiências:

> "No Brasil, desde seu início, a televisão se caracterizou como veículo publicitário. Fazem parte da história da indústria cultural brasileira programas como Gincana

> Kibon, Sabatina Maisena, Teatrinho Trol, Telenotícias *Painar*, Repórter Esso, Telejornal Bendix, Reportagem Ducal ou Telejornal Pirelli, produções integralmente subsidiadas por empresas anunciantes e formatadas por agências de publicidade" (Marshall, 2003, p. 109).

As transformações do universo cultural, simbólico e histórico ao qual estão inseridas as programações televisivas sofrem pressão dos efeitos competitivos da sociedade de consumo, da disputa entre emissoras, da exigência do público-consumidor, enfim, de demandas mercadológicas. Santaella (2001) afirma que a fragmentação e segmentação da audiência desestabilizaram o sistema monolítico da TV, a requerer novas abordagens para jornalismo e entretenimento.

O fenômeno serve ainda à essência dos propósitos comunicativos, a partir dos atos de linguagem. Portanto, não é novo, apenas envolvido em roupagens tecnomidiatizadas. No tradicional campo da Literatura, Jaconi (2013) valeu-se dos gêneros jornalísticos para esmiuçar a não ficcionalidade de Graciliano Ramos, escritor-prefeito que redigiu o famoso relatório de 1929 como administrador de Palmeira dos Índios ao Governador de Alagoas, propugnando por mais ética na gestão municipal, por meio de ação discursiva transgressora. Uma transgressão que marcou a passagem do prefeito para a Literatura.

A maleabilidade entre os gêneros atrai possibilidades de regeneração e degeneração, como dissertou Bertocchi (2005) sobre os impactos do jornalismo em espaços digitais desde o final dos anos 1990. Ela discute que a idiossincrasia não dispensa classificações, ao contrário, requer uma inovadora predisposição à coautoria.

Hoje, diante das variações midiáticas, tanto o jornalismo quanto a publicidade modificam, sem constrangimentos, suas estruturas. Marshall (2003) chega a discorrer que o jornalismo atravessa por um estado de transgenia. Se pensarmos no processo de transferência artificial, é sabido que quando um organismo recebe genes de outra espécie o que surge geneticamente modificado acarreta em novas características, não previstas. Os efeitos transgênicos para nossa área exigiriam estudos sobre os quais ainda não adentramos, como por exemplo, o fenômeno da transcomunicação.

O que percebemos com clareza é que a publicidade integra as programações telejornalísticas, muitas vezes mesclando-se no ambiente de caráter regrado do jornalismo. A competitividade acirra-se com a criação de perfis variados de canais televisivos e de público desejoso por mudanças de estilos e formatos.

3.5 A TELENOVELA NA PAUTA

A produção televisiva de entretenimento de maior audiência no Brasil é a telenovela e entra no *Encontro* com destaque. Pautar o programa com produções ficcionais da Globo permite diversão garantida, a racionalidade econômica da empresa, a promoção dos produtos da casa, histórias coloridas e de interesse humano. Transferiram para Fátima chances de se aventurar em novas possibilidades comunicativas.

Em trabalho de conclusão no curso de Publicidade e Propaganda na Universidade Regional de Blumenau, nossa orientanda, Gabriela Zaboenco, acompanhou a entrada da telenovela *Amor à Vida* (que começou em 20 de maio de 2013) no *Encontro com Fátima Bernardes*. Selecionou duas semanas, construídas para análise, perfazendo dez programas em quatro meses, com o intervalo de um mês.

Segunda-feira	Terça-feira	Quarta-feira	Quinta-feira	Sexta-feira
20/05/2013	21/05/2013	22/05/2013	23/05/2013	24/05/2013
27/05/2013	28/05/2013	29/05/2013	30/05/2013	31/05/2013
03/06/2013	04/06/2013	05/06/2013	06/06/2013	07/06/2013
10/06/2013	11/06/2013	12/06/2013	13/06/2013	14/06/2013
17/06/2013	18/06/2013	19/06/2013	20/06/2013	21/06/2013
Intervalo de um mês (21/06/2013 a 21/07/2013)				
22/07/2013	23/07/2013	24/07/2013	25/07/2013	26/07/2013
29/07/2013	30/07/2013	31/07/2013	01/08/2013	02/08/2013
05/08/2013	06/08/2013	07/08/2013	08/08/2013	09/08/2013
12/08/2013	13/08/2013	14/08/2013	15/08/2013	16/08/2013
19/08/2013	20/08/2013	21/08/2013	22/08/2013	23/08/2013

› **Fonte:** Quadro de Gabriela Zaboenco TCC, Furb 2013.

Foram analisados, portanto, dez programas, dos meses de maio, junho, julho e agosto de 2013, verificando-se encaixes da telenovela *Amor à Vida* no *Encontro*. Alguns elementos anotados:

Data	*Amor à Vida* na pauta?	Como
20/05/2013 Segunda-feira	Sim	› Elenco de *Amor à Vida* fala sobre a estreia. › Reportagem do JN sobre caso da telenovela (bebê encontrado no lixo). › Depoimento: caso verídico da mesma situação. › Atores comentam desafio emocional no trabalho. › Música apresentada por Roberta Sá é relativa à telenovela. › Outra telenovela é mencionada.

28/05/2013 Terça-feira	Não	› Mas é mencionada outra telenovela.
05/06/2013 Quarta-feira	Sim	› Ator Caio Castro fala sobre a vida do médico que interpreta em *Amor à Vida* e comenta amor paralelo de seu personagem.
13/06/2013 Quinta-feira	Sim	› Fátima recebe os atores Marcelo Antony e Tiago Fragoso para falar de homossexualidade, adoção, preconceito, rejeição.
21/06/2013 Sexta-feira	Não	–
22/07/2013 Segunda-feira	Não	› Mas é mencionada outra telenovela.
30/07/2013 Terça-feira	Sim	› Fátima Bernardes e seus convidados debatem sobre traição, com referência à personagem Aline.
07/08/2013 Quarta-feira	Não	› Apenas citações indiretas.
15/08/2013 Quinta-feira	Não	› Mas é mencionada outra telenovela.
23/08/2013 Sexta-feira	Não	› Mas é mencionada outra telenovela.

O levantamento recaiu sobre a semana construída com anotação sobre o momento em que a telenovela *Amor à Vida* foi citada durante *EFB*. Imbrincada na pauta principal, a telenovela é chamada por ter recorte de forte projeção na vida real, evidenciando histórias de interesse humano que são reforçadas nas cenas e nos depoimentos dos convidados, pessoas comuns ou famosos, além de reportagens de arquivo ou especialmente produzidas pelo programa *EFB*.

Em sua pesquisa, a acadêmica Gabriela Zaboenco concluiu que a principal forma de migração da telenovela *Amor à Vida* para o programa é por meio de assuntos que causam maior impacto, oferecendo clareza e fácil entendimento ao público por meio dos debates sobre fatos e pessoas reais. Agrega também enfoques de caráter promocional, divulgando a telenovela e os atores globais.

Vale lembrar com Lopes (2009), que a telenovela exerce papel central na cultura e identidade brasileira, justificando, de certo modo, a presença no contexto de *EFB*, seja como pano de fundo ou motivação para o debate de algum tema na trama da telenovela, por ser um produto televisivo de domínio popular, com alto potencial para envolver as histórias de interesse humano. A identificação projetiva, que é ponto alto na teledramaturgia, é reforçada em *EFB* com a interlocução direta dos sujeitos da ficção e da realidade. A migração de *Amor à Vida* para o *Encontro com Fátima Bernardes* reafirma e amplia a relação da telenovela com a sociedade. É um fenômeno da era da cultura da convergência midiática e do jornalismo diversional. Com o desenrolar de narrativas transmídias, as trocas entre elementos da ficção e não ficção tornam-se mais presentes, ainda possíveis de serem decifrados em programas jornalísticos como o *Encontro com Fátima Bernardes.*

Nos primeiros meses, *EFB* tentou investir em produção própria de ficção, como a provocação para obter opinião do público com o quadro"Quem tem Razão", que não foi levado adiante em 2013. Talvez tenha sido a iniciativa menos feliz do programa, justamente por pesar a balança com quadros de ficção para além do DNA jornalístico de *EFB*. O caminho mais seguro tem sido a ponte bem delimitada com o espaço clássico da ficção na emissora, que é o terreno das telenovelas, dentre outras produções de entretenimento.

3.6 OS FORMATOS DE AUTOR-JORNALISTA E AUTOR-MARCA

Ao realizarmos alguns exercícios com estudantes de Publicidade e Propaganda da Universidade Regional de Blumenau para apreciação do desempenho da apresentadora entre 2012 e o primeiro semestre de 2013, foi curioso observar como os formatos diferenciados em que Fátima Bernardes atuou – no *JN* e em *EFB* – conotaram opiniões sobre sua conduta, como se os gêneros telejornalísticos ficassem colados na identidade. Em trabalho conjunto, os acadêmicos Inah Louise Wruck, Jonas Boleman Passold e Letícia Dill de Lima escreveram como conclusão de um trabalho de aula que:

> "é notória a evolução da apresentadora, ela tornou-se outra profissional, conquistou uma simpatia com o povo brasileiro, pois anteriormente todos tinham a visão de Fátima Bernardes apresentadora do *Jornal Nacional*, ser humano de terno que raramente esboçava um sorriso; agora nota-se que ela é uma pessoa igual a nós, os temas do programa são o cotidiano do povo brasileiro" (Trabalho de aula na disciplina Teoria da Comunicação, ministrada no curso de Publicidade e Propaganda da Furb).

O julgamento que fazem de Fátima foi resignificado pelas dimensões autorais que se colam nos gêneros discursivos. O fenômeno do autor-jornalista e autor-marca no jornalismo contemporâneo (Laurindo, 2008, 2012a, 2012b) ajuda a desvendar facetas da linguagem publicitária inseridas no meio jornalístico, sobretudo quando vigora reforço da marca dos profissionais das grandes organizações: "vive-se a cultura imersa na lógica de mercado, onde há ocorrência de contaminações e reciprocidades entre jornalismo e publicidade" (Laurindo 2012, p. 3).

Ocorre que o autor-jornalista possui a "função autoral no sentido do acordo de confiança que se exige de uma manifestação discursiva" (*idem,* p. 53). É "aquele sujeito que exerce a função autoral na sua dimensão mais adequada à epistemologia do jornalismo como a expressão do conhecimento através da experiência mediada e não a experiência em si" (Laurindo, 2008, p. 64). Ele possui valor testemunhal, sendo aquele que atesta a veracidade da fonte, relatando e informando. Já o autor-marca, sinaliza o trânsito entre o jornalismo e a publicidade (Laurindo, 2012).

O autor-jornalista, reiteramos, é aquele que:

> "(...) produz e é produzido pelo objeto, que pode ultrapassar condições a ele impostas. Bastaria observarem-se as notícias críticas que *transbordam o senso comum da relação funcional com a reprodução da sociedade*. Para isto, insistimos, precisa haver um mínimo de contextualização particular ao significante singular que vai fazer da notícia uma forma de conhecimento. No momento em que se expressam as inter-relações, o mundo que se abre é

aquele do autor-jornalista que dá ao leitor sua chance de divergir ou concordar, pois o que se abre à leitura será um campo de conexões ao sabor das condições coautorais. Reiterando: o autor-jornalista apresenta uma experiência mediada por conexões entre singular-particular-universal e não a experiência (ou o fato) em si. Todos saem transformados de uma experiência desse tipo" (Laurindo, 2008, p. 67-68).

O autor-marca:

> " (...) é a expressão máxima do processo industrial na autoria. O espaço do autor-marca é o território de uma cultura jornalística que se explica pela lógica de mercado. No império do consumo já não se quer só o produto-informação. Tem que haver algo mais. Esse algo mais alicerça-se na marca, fruto da combinação entre Jornalismo e Publicidade. (...) O autor-marca é, portanto, no jornalismo, a mais perfeita expressão da sociedade atual. É a função-autor mergulhada na particularidade de um sistema onde a performance é o compromisso e onde a singularidade é uma referência perdida de seus nexos, com uma falsa percepção da cultura e da vida, como se a realidade já tivesse nascido assim, tal como é hoje" (Laurindo, 2008, p. 72-73).

Constrangido pela sociedade de marcas, o profissional desloca-se da conduta autor-jornalista em direção ao autor--marca sem que tenha, na maioria das vezes, os requisitos para tal estatuto. Ao invés de priorizar informação verificada, opta pela representação da imagem da emissora, sendo reconhecido como o fulano de tal empresa.

Fátima Bernardes, por sua vez, ultrapassou a expressão autoral que definimos, transpondo condicionantes, o que só foi possível com a elaboração de um novo programa, de Gênero Diversional. No *Encontro com Fátima Bernardes,* observa-se a linha tênue entre os dois perfis autorais que traçamos, fruto de um legado único da jornalista, que transita entre autora-marca (Globo), autora-jornalista (singular) para autora-jornalista-marca (revelada no *EFB*).

A partir do momento em que a apresentadora alcançou alto padrão profissional, ela erigiu uma imagem favorável para a emissora, com credibilidade informativa, a ponto de seu próprio nome alcançar o estatuto de marca, conquistado não como simples produto mercadológico das Organizações Globo, mas como resultado de práticas anteriores de *hard news,* da bancada do *Jornal Nacional.* Quando Fátima Bernardes almejou a nova condição, precisou primeiramente libertar-se de um estilo construído rigidamente e experimentar a tridimensionalidade autoral entre singularidades, particularidades e universalidade das condicionantes jornalísticas.

Os temas abordados, a apresentação de notícias de última hora e de reportagens, as entrevistas, colocam à tona a autora-jornalista que se expressa como marca enquanto dança e sorri, permite-se a uma produção jornalística inovadora na Rede Globo. Um talento e construção da autora-jornalista-marca Fátima Bernardes, ungida na atmosfera dos encontros matinais, de audiência sem a pressão dos picos do *Jornal Nacional,* noturno.

Com novos horizontes, em forte contraste com as manhãs globais de programas outrora infantis, *EFB* desequilibra a segurança alicerçada por fórmulas testadas. Para a chefe de reportagem, Ana Paula Brasil, o desafio é informar com algo mais:

> "(...) temos que trazer a informação de alguma forma para o palco. Às vezes, o assunto é muito sério ou muito árido e a gente traz um especialista para falar, mas se o assunto tiver um mínimo de leveza, a gente pode ter uma dinâmica de palco, uma brincadeira com a plateia. Outro dia, falando sobre mães equilibristas, as mulheres que fazem tudo ao mesmo tempo, tem emprego, tem filhos, a gente trouxe uma mulher para equilibrar pratos; a gente tem que encher o espaço do estúdio com alguma coisa lúdica, que prenda a atração do telespectador" (Depoimento para a pesquisa).

Fátima participa das reuniões de pauta, dá ideias, debate. Quando chega em casa, muitas vezes, abre o computador e envia mensagens para equipe: "A gente se surpreende às vezes com o horário; 11h da noite ela está vendo pauta; muito atenta. Quer saber quem vem. Tem influência e participação muito grande", admira-se Ana Paula Brasil.

As histórias de interesse humano – como formato do diversional – entram na pauta de *EFB* com planejamento indissociável entre a forma e conteúdo a serem abordados, numa linha que aproxima o real e ficcional. São convidados artistas ligados a temas sobre os quais gostam e se sentem à vontade para falar. A preocupação com formatos padronizados, conforme a jornalista Ana Paula Brasil, é evidente em casos como, por exemplo, no dia de jogo da seleção, quando Fátima pediu Felipão ao vivo: "ela o conhece há muitos anos, tem intimidade", o que deu oportunidade para todos conversarem de forma leve e solta. Ele brincou com a apresentadora, no ar. "A gente fala de absolutamente tudo", resumiu Brasil.

A diversidade também é resultado da emissora com rede de afiliadas por todo o Brasil, contexto o qual a chefe de reportagem conhece desde que trabalhava no *Jornal Nacional* :

> "(...) entre as minhas funções estava falar todos os dias com o Brasil inteiro, fazia varredura das praças; então tenho relação muito boa com elas. E a gente tem uma equipe diversificada, um pernambucano, uma menina que era de Belém, trouxemos um do Rio Grande do Norte, um editor de Salvador para cobrir férias, sempre tentamos ter alguém com *pitaco* estrangeiro, outro olhar, e ficamos atentos ao que as afiliadas sugerem. Claro que a oferta maior é do eixo Rio-SP. Mas tem viagem, ler na Internet, hoje a gente está gravando em Salvador, anteontem em João Pessoa, semana passada no Rio Grande do Sul. Temos liberdade para viajar e gravar e colocar outros lugares do país" (Depoimento para a pesquisa).

É uma diversidade de histórias de interesse humano e coloridas que nos leva a indagar se os formatos experimentados no programa poderiam ser explorados em outros lugares e canais. A chefe de reportagem respondeu que:

"(...) depende da figura central. Fátima é muito agregadora. Todo mundo que senta naquele sofazinho fica muito à vontade, a conversa flui. Ela consegue conversar e passar de um assunto para o outro com muita naturalidade. Acho que esse tipo de programa também depende muito da figura central, tem que ser uma pessoa muito especial para segurar este modelo, mas acho que o programa se propõe a uma variedade, uma diversidade que ela consegue, do jeito dela, levar bem legal, bem amarradinho" (Depoimento para a presente pesquisa).

A fala de Ana Paula Brasil confirma-nos, de modo empírico, o que teoricamente procuramos testar e acreditamos definir, num enlace teórico-prático, como a evidência da Fátima Bernardes, no *Encontro com Fátima Bernardes*, como autora-jornalista-marca no Gênero Diversional.

3.7 AUTORA-MARCA NO GÊNERO DIVERSIONAL *EFB*

Para perceber a autora-marca no Gênero Diversional do *Encontro com Fátima Bernardes*, observou-se a interação entre apresentadora, convidados, plateia, aspectos de cenário e de elementos jornalísticos. Em uma amostragem que contemplasse a extensão do programa, trabalhou-se com a técnica de semana construída que consiste em "iniciar o trabalho de análise de notícias num determinado dia da semana e, na semana seguinte, dar-lhe sequência utilizando o dia posterior, e assim por diante até que todos os dias fossem analisados", conforme Franco (*apud* Pereira, 2013, p. 2).

Focalizou-se a identificação propagada com a imagem de Fátima Bernardes, que aos poucos veio estimulando o público a querer maior aproximação, a desejar preferências de moda manifestadas pela pessoa Fátima, seus cortes de cabelo ou até mesmo sua personalidade e vida particular. Posteriormente, lança-se um universo de produtos. Vê-se a figura profissional que deixa de ser instrumento informativo para compor imagem em parceria com a Globo e o programa *EFB*.

Uma lógica em que a apresentadora assume caráter publicitário, para além do jornalístico, numa expressão modificada da autora-marca, como já dissertamos. Observa-se linha tênue entre dois perfis, numa fusão entre autora-jornalista e autora-marca. Os produtos midiáticos chamados de redes sociais uniram moda e celebridades e neste particular o nome da Fátima Bernardes foi envolvido como nunca antes. Ergueu-se um novo símbolo de moda (vestidos, sapatos, acessórios) em contraste com a maneira neutra e regrada dos tempos do *Jornal Nacional*. A comunicadora consolidou-se como profissional do jornalismo, com credibilidade que agrega imagem favorável para outras finalidades da emissora.

A partir do momento em que ocorreu a migração da apresentadora do *Jornal Nacional* para o *Encontro*, seu comportamento, discurso e roupas acompanharam as mudanças, do informativo para o diversional. Fátima Bernardes passou a exibir um comportamento descontraído, uma personalidade espontânea e casual, aderindo a um estilo de apresentação com enfoque nas histórias de interesse humano, nas histórias coloridas, nos debates e opiniões dos convidados e na pura diversão.

Ao contrário do *JN*, o programa *Encontro com Fátima Bernardes* possui formatos diversificados, com reportagens baseadas na linha temática de cada dia e no perfil de convidados, plateia, debates, com abordagens lúdicas e artísticas. Salto para maior descontração e para mecanismos inovadores, distintos do perfil tradicional anterior. A apresentadora repaginou-se para propor algo novo ao padrão global.

Há dias de maior ênfase de algum aspecto. Por exemplo, em dois episódios se pode ilustrar a autora-jornalista, num nível de seriedade e proximidade próximos do *JN*, como em 19 de julho de 2013 (quarta-feira) e 25 de julho de 2013 (quinta-feira). O primeiro sobre as manifestações políticas no Brasil. Todo o discurso tinha um caráter informativo, sendo deixadas em suspenso quaisquer abordagens descontraídas. A referencialidade foi a tônica, com auxílio de imagens no telão e números relativos à quantidade de pessoas nas ruas, nos protestos de São Paulo e Rio de Janeiro. No estúdio, estavam especialistas e um estudante participante das manifestações do Rio de Janeiro, tornando-se sujeito forte para enfoque do tema. Apesar deste contexto formal, a presença de plateia, convidados (sejam especialistas, figuras da emissora ou da sociedade) deixaram perceptíveis as características preestabelecidas do programa.

No programa de 25 de julho, dia da Jornada da Juventude (e da vinda do Papa para o Brasil), o subtema é o perdão. Com a presença de convidados especializados no assunto, o programa estava direcionado a acompanhar ao vivo a agenda do Papa, sua visita nas favelas do Rio de Janeiro, utilizando-se o helicóptero da Globo e repórteres em terra.

Portanto, é comum exibição de reportagens, interação com o público, questionamentos e incentivo a opiniões dos convidados, utilizando-se de abordagens como "você acha que...", "você tomaria essa atitude...", "como você se sentiria se...", costuradas com as reportagens, numa atitude conversacional liderada por Fátima.

A identidade que se constrói dia a dia quanto ao Gênero Diversional em *EFB* é decisiva para o sucesso do programa. Com Melo (2012, p. 49), vimos que "(...) a não definição de um programa, no que se refere ao gênero, pode interferir na compreensão e absorção dos conteúdos veiculados". Os telespectadores sabem o que podem encontrar em *EFB*. Confiam na jornalista, na autora-jornalista-marca Fátima Bernardes.

3.8 ENTREVISTA COM FÁTIMA BERNARDES

Fátima Bernardes concedeu-nos uma entrevista de 55 minutos, no dia 17 de outubro de 2013, na sala de imprensa do Projac, no Rio de Janeiro. Expôs suas ideias a partir de um roteiro que estruturamos e levamos antecipadamente à Globo-Universidade, que intermediou o encontro. Pela centralidade da autora-jornalista-marca Fátima Bernardes, o depoimento é uma peça que se encaixa com coerência com a proposta metodológica que traçamos para a pesquisa, embora a concretização desta possibilidade não fazia parte do planejamento inicial do projeto, tornando-se, portanto, um acréscimo valoroso. A seguir, transcrevemos praticamente a integralidade das respostas de Fátima:

› **Roseméri** – A decisão de fazer a pesquisa sobre o seu programa surgiu de uma ideia que José Marques de Melo lançou numa conversa que tivemos no dia 8 de agosto de 2012, em Chicago.

› **Fátima** – Nossa, logo depois da estreia do programa. (...) bom para eu refletir um pouquinho sobre ele. A gente, quando trabalha muito, às vezes não tem tempo de refletir muito sobre o que está acontecendo.

› **Roseméri** – Que diferença você sente em relação ao público; aquele que recebia o seu trabalho como jornalista do *Jornal Nacional* e esse (do *Encontro*), agora com um ano e quatro meses.

› **Fátima** – O que eu percebo, na verdade, é que o público que assiste televisão, ele sabe que eu sou jornalista e ele diferencia pouco, às vezes, o que eu fazia do que eu faço. E nisso ele é muito sábio, porque eu não deixei de ser jornalista. *Mudei completamente minha função, o que eu faço hoje é um programa muito mais de entretenimento, com um fundo jornalístico, mas eu sou jornalista do mesmo jeito.* Eu vivo pensando em pauta, pensando em como transformar aquilo num assunto interessante, fico pensando de que maneira aquilo vai ser uma prestação de serviço para quem está vendo e ouvindo. Então a concepção de meu trabalho de jornalista continua lá. O que eu noto é que o jornalismo cria uma certa formalidade, um certo respeito, como se aquela pessoa, que trabalha ali à frente de um telejornal tão importante quanto o *Jornal Nacional* fosse alguém importante, que sabe de muita coisa, que sabe o que é importante no Brasil e no mundo e essa pessoa hoje, essa Fátima jornalista que trabalha de manhã, é alguém *um pouco mais próxima talvez desse público, alguém que mostra mais que vive os mesmos problemas que o público vive*, porque os temas são mais voltados para assuntos muito do dia a dia.

Então segunda-feira vou estar discutindo sobre o ninho vazio, sobre as famílias que tem as saídas dos filhos; mas também das famílias que são abandonadas, não só porque saiu, casou, mas os pais que são abandonados. É claro que a identificação é muito maior quando converso sobre isso com essa pessoa, do que às vezes quando dou uma notícia extremamente importante como é dada no *Jornal Nacional*, mas em que eu não me posiciono, porque é impossível falar sobre o assunto e não dizer se eu penso ou não – hoje com filho de 15 anos – como vai ser na minha vida; como é que foi quando eu saí de casa, para os meus pais. *Acho que a minha exposição acaba sendo um pouco maior, como pessoa, como ser humano*. Agora, o fundo jornalístico permanece e isso eu percebo a mesma coisa, a mesma admiração pelo trabalho, elas me chamam de jornalista, falam: "ah, você é uma jornalista ótima", quando chegam para elogiar. Mas eu percebo que há uma *aproximação maior*, não de tamanho de público porque é óbvio, eu fazia um programa em horário nobre, de audiência maciça. O horário da manhã é de audiência menor, então não é nessa questão do tamanho do público que eu percebo, *mas na forma que eles encaram o que eu estou fazendo hoje*.

› **Roseméri** – As pessoas chegam a você para falar?

› **Fátima** – Chegam para falar: "nossa ouvi você contando da sua mãe, o que ela fazia, como ela era quando você era pequena; que ela não deixava comer maçã inteira, que mandava cortar porque você não podia desperdiçar. Sabe? Faço isso com meu filho". São histórias simples, mas que criam uma afinidade porque é você ali. Num telejornal é difícil você expor a sua posição, nem é esse o papel de um âncora; ele tem que ser um mediador de ideias, um explanador do que está acontecendo; graças a essa possibilidade que tem de levar o maior número de informação para as pessoas. No programa, não; no programa eu faço isso de uma maneira que eu possa me posicionar a cada assunto.

› **Roseméri** – Você acredita que o jornalismo precisa dessa liberdade? Você sentia necessidade dessa liberdade? Foi como se você se soltasse...

› **Fátima** – Não, não acho que um telejornal tenha que ter isso. As pessoas já falavam, sinto que você não gostou de tal notícia; mas é uma questão de percepção, ou por um olhar, ou a pessoa vai se acostumando tanto com você, que ela sente pelo ritmo que você deu na leitura, mas é diferente de você verbalizar algo que você acha. Não acho que era esse o meu papel, principalmente num telejornal de horário nobre, num horário em que você tem quarenta minutos para dar tudo que é de mais importante. Mas acho que foi muito bom descobrir que ao fazer o programa eu tinha esse canal aberto, que antes eu nem imaginava ter. Quando fui fazer o programa, fui porque *eu queria agregar informação com diversão.* Porque eu achava que a Globo tinha um espaço na manhã que poderia ser utilizado para continuar com o que vinha desde às 6h da manhã, com o Globo Rural, ou seja, fazendo uma programação adulta e informativa, e aí eu falei: *adulta, informativa e que divirta.* Porque você está em casa, tem o direito de estar ali, se informando e se divertindo. E aí perceber que eu ganho com isso a possibilidade de me expor dentro do limite que eu acho, estabeleço pra mim, com posições, com pensamentos, é muito bom, muito gostoso. Bom saber que você tem esse canal. Das coisas mais simples que sejam, mas que você está ali; e as pessoas gostam de saber o que você pensa. Então estou bem à vontade neste aspecto.

› **Roseméri** – Quais funções você exerce hoje?

› **Fátima** – É muito parecido com o trabalho do jornal, porque eu apresento como apresentava, mas participo de todas as reuniões de pauta, participo do encaminhamento que a gente vai dar, ajudo na sugestão de pessoas que acho que podem colaborar para a discussão. A gente gravou uma reportagem com uma mãe que tem três filhos, as meninas saíram para morar fora. Você acha que precisa trazer essa pessoa para o estúdio? Aí fui ver o material gravado, não, não precisa, já está tão bem contado, vamos deixar para trazer para o estúdio outra família que a gente não gravou na reportagem. Tudo é negociado, tudo é conversado. Então, ali eu tenho um trabalho que considero muito jornalístico, agora como é que a gente vai dar vida a isto? Se depois a gente vai fazer um outro VT num outro momento de humor, com Marcos Veras fazendo uma brincadeira. Sugeri fazer uma brincadeira de telefone sem fio. Ele gravou uma reportagem divertida sobre fofoca. Falei: bom, se eu contar alguma coisa antes de ir para o intervalo para uma pessoa da plateia e mandar ir passando, quando chegar na frente a história vai ser outra e é assim que surgem muitas das fofocas, né? Um conta para o outro que conta para o outro que conta para outro e a coisa ganha um volume que às vezes não era. Aí, é uma diversão. A gente vai construindo o programa junto; eu tenho uma participação mais próxima possível. Chego aqui às 7h da manhã e vou embora quase todo dia 4/5h horas da tarde. E ainda trabalho em casa depois.

› **Roseméri** – No jornalismo são várias funções; qual lhe dá mais prazer e qual lhe custa mais dentro das novas funções.

› **Fátima** – Sempre gostei de estar na frente da câmera; adoro o que eu faço por trás, mas gosto de traduzir aquilo tudo que eu vivi por trás das câmeras para diante das câmeras. O que me deu mais dificuldade no primeiro momento foi a administração do tempo. Porque eu tenho setenta minutos ao vivo todo dia; no telejornal você tem isso contado; o tempo que você fala, você improvisa uma coisa ou outra, mas o computador já mede o tempo, você sabe exatamente que o telejornal vai começar tal hora e terminar e se ele está um pouquinho estourado você tem que enxugar, acelerar um pouquinho uma coisa, diminuir o trecho da cabeça em outra. Ali não; eu conto muito com meus entrevistados. Hoje eu tinha que encerrar o programa, estava no último minuto para chamar a música e a senhora estava ao vivo comigo, via Internet, via Skype, e ela disse: "mas eu tenho que contar uma coisa, Fátima". Quando ela disse "mas eu tenho que contar uma coisa", eu não quero interrompê-la, não quero parecer deselegante, quero ouvir o que ela tem para contar, mas eu tenho que cumprir o tempo. Então isso é o grande desafio de um programa ao vivo; essa administração de uma forma educada, equilibrada, desse tempo, que não tem jeito, não é de elástico, não vai esticar e eu tenho que encerrar na hora certa. Felizmente, ela era uma pessoa que falava muito bem, contou muito rapidamente uma história que era interessantíssima e fazia todo sentido com o que a gente vinha discutindo, que era *bullyng;* a um minuto de encerrar e eu ainda tinha que chamar a música. Esse é o grande desafio, você perceber. No telejornal, a reportagem tem em torno de um minuto e meio, dois minutos; então, dois minutos pra gente é uma reportagem grande. Atualmente, cinco minutos é nada, cinco minutos é o tempo que eu posso gastar para me despedir, para dizer o que vai ter no programa no dia seguinte. Antes eu ficava tentando chegar até o limite para dar boa tarde e ir embora. Agora, não; sei que posso começar minha despedida com mais calma, com mais tranquilidade, mas só que hoje, pelo fato da última coisa ter sido a conexão com essa moça ao vivo ela me surpreendeu. Mas graças a Deus foi muito sucinta e soltou um assunto que pode virar pauta futura. Pude dizer isso: a gente vai voltar a esse tema e deu tudo certo. Acho que é a maior dificuldade que eu encontro hoje.

› **Roseméri** – E parece ser um formato em que você está mais à vontade do que o outro.

› **Fátima** – Mas no outro formato está tudo sob domínio, sob controle. A não ser que aconteça uma coisa muito importante, a morte de uma pessoa muito importante durante o jornal; um acidente muito grave. Mas aí você tem, entre um VT e o outro, tempo para que William, como editor-chefe, possa derrubar as matérias e dar o espaço. Eu não; estou ao vivo o tempo todo, tem que ser de *acordo com o que você está pensando* ali, na hora.

› **Roseméri** – O programa é de entretenimento [com jornalismo, acrescenta Fátima]. Você entende que o jornalismo é a base fundamental por causa de sua formação?

› **Fátima** – Acho que a gente faz um jornalismo de entretenimento, um jornalismo diferente do jornalismo factual de telejornal; onde você dá as informações básicas, que a gente aprende desde cedo, o porquê aquilo está acontecendo, onde foi, quando foi, as imagens que foram marcantes, as consequências daquilo. A gente pode tentar mostrar estes fatos de outro jeito. *Eu sempre penso o que as pessoas estariam discutindo na rua, na porta da escola quando vão buscar os filhos; os maridos, no chopinho com os amigos depois do trabalho; as pessoas que estão no ônibus, sobre o que elas estão falando. É isso que eu quero discutir no programa.* Quando houve o vazamento de dados do governo brasileiro por espionagem, isso os telejornais estavam dando e cobrindo bem; o *Fantástico* dando furo de reportagem; como eu vou tratar disso? Aí, a gente começa a pensar, a gente pode relembrar que isso está acontecendo e, sei lá, levar um detetive para o palco, em que ele possa dizer se na vida, hoje, as pessoas ainda contratam um detetive, em que situações as pessoas gostam de espionar a vida um do outro. *Então, com base num fato que é altamente jornalístico você vai expandir uma discussão para outros lados*. Se a gente vê o caso de violência ou de *bullyng* mesmo – como a gente estava mostrando hoje uma campanha que foi feita com uma menina para uma rede de sapatos e que a garotinha de 3 anos estava só de calcinha e salto alto – será que ali tem um pouco de sexualização da criança ou não. Ah, o governo francês acabou de decidir que vai ser crime. Então, a gente acaba abrindo espaço. *As pessoas às vezes não estão discutindo exatamente a notícia factual, mas como aquilo afeta*; ah, eu ouvi um caso também, soube disso, daquilo. A ideia é ampliar. É um tipo de jornalismo? É. Por que a gente brinca que é *um jornalismo de entretenimento*? Porque a ideia é com aquilo ali tornar o mais atraente possível para que as pessoas discutam realmente o assunto; mas a gente quer divertir, colocar uma matéria de humor, da área musical, a gente tem muita coisa de comportamento, porque as pessoas também falam isso nas ruas. A minha preocupação então não é o fato. A não ser que aconteça de o programa inteiro ser dedicado a um assunto factual, do desabamento de um prédio em São Paulo com a morte de doze operários, se não me engano. Na hora em que está acontecendo, como a vinda do Papa, aí, você modifica. Caso contrário tem o *Bom Dia Brasil*, que já deu, dentro do *Bem Estar* tem o *Globo Notícias*, com boletim de cinco minutos com o que tiver de importante e depois de mim tem os jornais locais e o *Jornal Hoje*. A notícia por ela mesma só, não. Mas, ah, morreu a Norma Bengel. Isso já foi dito. Mas se eu tenho no palco uma pessoa que trabalhou com ela e nós tínhamos a Luana Piovani por coincidência neste dia, que foi chamada para fazer a Norma no cinema, aí você discute quem é a Normal Bengel, como você conheceu. Morreu o músico Champignon, suicidou--se; poxa, ele tinha vindo no programa, o que ele falou naquela época. Você contextualizar as coisas, isso é jornalismo.

› **Roseméri** – Você entende que está abrindo com seu programa um gênero jornalístico diferenciado? Você fala de entretenimento, eu chamo de diversional. Você vê como gênero jornalístico?
› **Fátima** – De certa forma, sim.

› **Roseméri** – Diferente de...
› **Fátima** – Ah, eu tenho medo de dizer que nunca foi feito. A gente procura fazer de um jeito diferente. É um desafio diário. Não é assim: tem uma fórmula pronta e vai ser sempre assim; não tem. Se aproxima muito do jornalismo porque todo dia você tem que pensar nele dessa forma, o que as pessoas estão discutindo, de que forma isso vai acrescentar alguma coisa. Por que eu pararia diante da televisão para falar isso, o que eu considero diferente. Não gosto desse título de inventora da roda, não é isso. Mas o que eu considero que desde o início eu queria e foi de mais diferente: a gente trazer todo esse elenco que a Globo tem, maravilhoso, e de repente eu ter como agora, no dia do mestre, o Marco Ricca, numa semana em que o personagem dele na novela estava *bombando*, como se diz, descobrindo o filho que ele achava que estava morto e que está vivo e ele não falar em nenhum momento sobre o personagem. Ele veio para

discutir a educação e professor. No início, isso é um choque porque as pessoas disseram pera aí, mas... E queria mostrar todos esses atores como cidadãos, mostrando os assuntos do dia a dia. Óbvio que se um dos assuntos do dia a dia é a roupa da Chayene, quando ela vem a gente vai falar sobre isso. Quando eu trago a Márcia – personagem da atriz Elizabeth Savalla – a gente vai fazer uma reportagem no Saara e vê que as flores que ela está usando no cabelo esgotaram, a gente vai falar sobre isso também, é o personagem dela. Mas é muito bom você poder trazer essas pessoas para falarem de vida e você permitir que o público veja nelas não só aquela idolatria do astro e da estrela, mas aquelas pessoas como seres normais, com dificuldades. Hoje, por exemplo, para falar de vaidade feminina, a Alexandra Richter estava falando como lida com a filha de 12 anos. O que ela deixa usar o que não deixa, *gloss,* pode? Sapato, não? Aí, quem está em casa pensa: "ah, eu também penso assim, também não deixo minha filha usar batom vermelho, é muito cedo". Isso é o que eu queria ter trazido para o programa. Trago tanto um sociólogo, um psicólogo, um neurologista, mas trago um ator, um professor e todos vão discutir o mesmo assunto. De vez em quando, o foco é o trabalho inovador que o professor faz naquela escola, de vez em quando, o foco é o personagem que o ator está fazendo naquele momento, o que o cantor está discutindo. Acho que isso eu considerei como uma forma diferente de encarar o convidado. De misturar o anônimo com esse famoso, inicialmente até no cenário isso era muito mais próximo e hoje colocando no sofá, no mesmo lugar. Isso é legal, o que eu considero de mais diferente. A possibilidade de posicionamento mesmo em relação a qualquer assunto. Isso eu gosto muito de fazer.

› **Roseméri** – Como é que você conjuga seu posicionamento, até porque entram questões pessoais. No jornalismo tem a clássica divisão entre opinião e informação. Quando você se depara com essa situação como é que pensa?

› **Fátima** – Um aprendizado. No início, eu intermediava, era uma grande distribuidora de bola; se fosse futebol eu era um meio campo, passava a bola para um lado, passava a bola para outro. Mas arriscava pouco a minha posição. *Hoje em dia eu deixo mais clara a minha posição de técnica*. Digo o que eu quero, o que eu acho, o que eu penso, e distribuo a bola também. Mas acho que isso é um aprendizado porque na verdade você tem que exercitar isso e no jornal você trabalha muito para ser imparcial; a cada momento você pensa: mas eu dei exatamente o mesmo tempo para esses dois grupos? Eu permiti que os dois lados se posicionassem? Você não quer estabelecer ali vínculo nem com um nem com outro; você quer oferecer a maior quantidade de informação possível para que o seu público reflita e chegue à conclusão dele. Aqui não, eu quero que eles reflitam, mas *eu não tenho mais essa preocupação de que eles não saibam o que eu penso. Não é para ninguém concordar comigo, mas eu me sinto muito à vontade*. Eu percebi isso vendo os primeiros programas; em alguns momentos eu podia ser mais enfática nas minhas posições e cada vez que eu faço isso eu *me divirto mais*, acho mais interessante, acho que agrego mais porque eu discordo de alguém no palco, eu concordo com outra pessoa; acho que isso enriquece para quem está ouvindo em casa.

› **Roseméri** – Esta habilidade parece ser o valor maior de seu programa. Esta comunicação interpessoal, que você lida tão bem, é mais do que técnica porque a gente foca no jornalismo ou programa de auditório, *talk shows*, técnicas de entrevistas, técnicas;

mas você vai na essência da comunicação, que é escutar o outro e ficar nesta troca. Que habilidade é esta? Você descobriu, adaptou, revolucionou algo?

› **Fátima** – Não sei. Desde criança sempre gostei de ouvir. Quando entrevistava, também sempre gostei de me preparar para uma entrevista, como você faz, mas sempre gostei de ouvir o que a pessoa respondia para trabalhar em cima da resposta. Então eu acho que um segredo para quem trabalha com entrevista é: você tem que gostar de gente. Tem que gostar de ouvir histórias, gostar de interagir mesmo e eu adoro isso; sempre gostei, desde criança. *Então acho que é algo muito mais intuitivo do que qualquer técnica que eu possa ter desenvolvido.* Acho que desde o início, quando comecei com minhas reportagens na rua, eu parei de escrever meus textos quando eu gravava aparecendo. Eu só escrevia os textos em *off* para fazer uma amarração dos meus entrevistados, mas o que eu dizia diante da câmera eu sempre falei de improviso porque eu sempre pensava que quando eu chegasse em casa e fosse contar tudo para minha mãe, conversava muito com ela, falei eu não vou escrever o que eu vou falar para minha mãe; por que eu vou escrever para falar diante da câmera? Vai ficar um texto lido ao invés de um texto falado. Hoje em dia trabalho também sem nenhum tipo de TP. É mais o meu jeito mesmo, de falar, de agir. Acho que é muito mais intuitivo, acho que o segredo seria esse, de gostar de ouvir, e estar aberto, o que é um exercício diário, não acho isso fácil para mim, acho que é um exercício. *Estar aberta para todo momento ir mudando este programa.* Por mais que a gente planeja. *A gente brinca: a gente planeja, planeja, planeja e ele vai ser melhor quanto menos estiver dentro da fórmula.* Quanto mais tiver de improviso e quanto mais tiver de reações que me surpreendam naquele momento.

› **Roseméri** – Parece ser seu natural. Então, você estava numa camisa de força no *Jornal Nacional*...

› **Fátima** – Não, não estava. Engraçado, eu gostava. Eu nunca imaginei que iria trabalhar em televisão. Trabalhava no jornal. Adorava escrever ali no jornal, mas escrevia para um jornal semanal do Globo, queria ir para um jornal diário, sempre adorei a instantaneidade a agilidade, cobertura que eu fizesse hoje e fosse ao ar amanhã, não fosse um fechamento semanal. Aí, vim fazer um curso na TV Globo, na universidade na época não tinha nada prático. Quando eu descobri a instantaneidade eu pensei: acho que é aqui que eu vou me desenvolver, é o veículo para mim. Aí, eu amava cada conquista que eu ia fazendo no jornalismo e acho que *eu conseguia imprimir minha marca ali. Eu tinha um jeito de fazer que eu acho que era meu, que me levou ao* Jornal Nacional, *senão acho que não chegaria lá, se não fosse por isso.* Então eu ia muito feliz. Sou muito inquieta, tenho muito medo de acomodação. Eu brinco que a Globo me acostumava mal porque eu comecei fazendo reportagem, pouco tempo depois me colocaram para apresentar um telejornal local com a reportagem; dois anos depois eu já estava apresentando um jornal de rede que era o *Jornal da Globo*, fazendo reportagem. Daqui a pouquinho já estava me mandando para eventos internacionais e apresentação. Aí, vai para o *Fantástico*. A cada três anos eu estava mudando. Agora você vai editar o *Hoje*. Agora vai para o *Jornal Nacional*. Aí, fiquei catorze anos. Quando você chega ao *Jornal Nacional* realmente você pensa, nossa, agora para onde vou? E aí tive a felicidade de passar por um momento em que o *Jornal Nacional* vinha passando por uma mudança muito grande, passando a entrevistar pessoas na bancada, passando a fazer ancoragens na rua, fazendo viagens para ancorar desde eleições americanas a catástrofes naturais, a eventos esportivos. Então eu tinha um momento muito rico ali, não percebi os catorze anos que se passaram. Na verdade, quando eu fiz dez anos no jornal comecei a pensar, nossa, nunca fiquei tanto tempo num mesmo veículo, num mesmo programa dentro da Globo. Falei assim, onde será que vou estar daqui a dez, eu comigo mesmo... gente, será que vou estar fazendo *Jornal Nacional*? Porque realmente não tinha para onde ir. Tinha chegado ao posto máximo ali. E aí, comecei a pensar que eu não queria perder o que eu tinha ainda naquele momento de comemoração dos dez anos, que é o brilho, interesse, disposição. Será que daqui a dez anos vou estar com este mesmo gás? Eu achei que poderia não estar. Então eu tenho que procurar algo que me provoque, seja provocador para mim; então comecei a pensar no que seria. Aí falei: então quem sabe um programa. Fausto Silva sempre dizia para mim que eu devia fazer algo assim. Imagina! Fazer um programa, não, não é. Aos poucos, aquela sementinha foi crescendo, eu fui desenvolvendo, imaginando como seria, buscando em que espaço na programação da Globo isso poderia entrar e aí deu tudo certo.

› **Roseméri** – Há algum programa, algum apresentador, em quem você se inspira?

› **Fátima** – Hoje, fazendo ao vivo, admiro todas as pessoas que trabalham ao vivo. Porque é realmente um desafio imenso, diariamente você estar ali; mas não tinha, nem no jornalismo. As pessoas me perguntavam isso na época. Adoro olhar, mas sempre penso em fazer do meu jeito, melhor pra mim.

› **Roseméri** – Como você lida com questões polêmicas, assuntos quentes, quando o negócio pega fogo? Você prefere estimular, mudar de assunto...

› **Fátima** – Tento usar o bom senso. Aí eu uso muito a questão jornalística. Eu deixo a pessoa se posicionar, dou voz a quem discorda daquilo, agora no final, diferentemente do que eu faria antes, eu dou a minha posição, o que eu acho. Mas sempre com bom senso, porque acho que se você quer estimular um debate tem que deixar opiniões conflitantes aparecerem senão você não está promovendo um debate. Se você quer que as pessoas em casa reflitam você não pode dar a ela apenas o que ela já está acostumada a pensar. Você tem que oferecer visões diferentes. Quando você convida pessoas a vir, a gente procura dar uma gama bem grande de opiniões, de variedades, e eu procuro, esse é um exercício sempre, me manter serena para administrar aquilo. Agora, no programa não cabe uma briga; as pessoas sabem que ali não é foro para isso. Uma discussão, uma divergência de opiniões, sim... mas o momento é ambiente para reflexão, para exposição. Todo mundo fala isso para mim: com elegância tudo pode ser dito, pode ser falado; a gente está ao vivo, não pode censurar ninguém, nem faria isso nunca, mas tem que ser dentro daquele nível que a gente está comandando ali, porque fica melhor, as pessoas podem ser ouvidas. Não deixo todo mundo falar ao mesmo tempo; se estiverem falando ao mesmo tempo digo, por favor, um minutinho, vamos aqui, vamos ali... e vai tranquilo. Mas tem que ter divergência, senão também fica uma monotonia.

› **Roseméri** – Você tem algum método para ver a repercussão?

› **Fátima** – Sou uma pessoa que faço de tudo, levo filho na escola, no médico, vou ao supermercado. Então tenho um retorno pessoal com as pessoas mesmo. As pessoas falam o que acham, o que não acham, quando veem, o que gostaram, não gostaram. A gente tem um retorno que eu acho muito interessante que é o da Central de Atendimento ao Telespectador. Eu gosto deste retorno. É a pessoa que está em casa, assistindo ao programa e ou usa o telefone ou usa um e-mail para falar o que ela acho. A gente tem um retorno de redes sociais hoje em dia. Praticamente todos os dias o programa está entre os *trending topics*, quase todo dia um dos assuntos durante o programa está entre os mais comentados das redes sociais, do Twitter. Então, isso tudo ajuda a abalizar se você está indo para um bom caminho e a gente tem sentido que a espuma que o programa faz aumenta. Às vezes estou em casa vendo site de notícias e tem repercussões do que a gente discutiu. Então é bem legal isso, citando o programa. Então tenho uma avaliação, eu sinto, que essa espuma provocada pelo programa está indo como se fosse na praia, aquela ondinha está indo cada vez mais longe, está provocando mais barulho, eu acho ótimo.

› **Roseméri** – Você tem algum *feedback* do exterior?

› **Fátima** – Alguma coisa, pelo Twitter, as pessoas que vêm de fora; na plateia ontem tive duas pessoas de Portugal. Às vezes vêm de Angola. Tem gente nos Estados Unidos, porque a Globo é forte.

› **Roseméri** – Qual a sua opinião frente à audiência? No começo teve a questão sobre a audiência do seu programa.

› **Fátima** – No início tive muita tranquilidade de saber que a gente estava fazendo uma troca muito radical de público. Não é assim, tirar um programa e botar outro. Tínhamos desenho e colocamos um programa para adulto. A minha sensação é que a gente iria zerar, começar do zero. Tinha que ter paciência para isso. Mas eu tinha muita confiança. Primeiro porque o público brasileiro assiste muito à TV; ele tem um conhecimento enorme. Desde a época do jornal a gente percebia, quando fazia algumas pesquisas qualitativas para entender melhor, se você perguntasse qual a reportagem que as pessoas gostaram elas diziam normalmente aquelas em que nós mais investimos, que tinha melhor recurso de acabamento, não aquele factual corrido, do dia a dia. Elas percebem, tem um conhecimento que eu brinco que é quase por osmose, de tanto ver entendem de televisão, como a gente entende de futebol, *acho que o público brasileiro é um público entendido em televisão.* Então eu sabia o seguinte: se a gente oferecesse alguma coisa de qualidade e diferente isso ia vir. Houve um barulho imenso. Eu acho engraçado, havia uma expectativa em relação à minha chegada ao horário, maior do que a minha mesma. As pessoas pensavam a Fátima está vindo do *Jornal Nacional*, vai chegar vai arrasar. O horário logo no início a gente ganhou e teve logo depois um período de ajuste, mas foi tão rápido, só que a repercussão, as pessoas ficaram comentando sobre algo que já não estava nem mais acontecendo, durante um tempo. Então a gente precisou ir com calma, não fugindo daquilo que a gente queria para o programa, com muita tranquilidade, para hoje eu dizer para você, hoje, não, muitos meses antes de a gente completar... nos primeiros quatro meses, a gente já era líder no Brasil, em São Paulo, no PNT, mas se você olhasse o início da divulgação parecia que o programa era um problema, não era. A gente só tinha uma troca natural de público; manteve muito o foco o tempo todo; nem um momento deixou de discutir assuntos importantes. Tivemos programas inteiros quando saiu a aprovação do casamento homoafetivo, programas inteiros sobre autismo que, agora, vejo a discussão, fizemos acho três, quatro programas; é muita coisa numa TV aberta você passar quarenta minutos discutindo sobre um tema como esse, com as pessoas vendo, é diferença: temas como educação, sempre foi nosso foco. Então, hoje falo para você que olho a audiência quando me passam; não tenho acesso direto, meu computadorzinho não tem audiência, mas a gente sabe como está indo em termos de audiência, que está indo bem, em fase de crescimento, acho que tem ainda muito para crescer; um programa que tem um ano e pouco no ar ainda é um programa novo e acho principalmente porque é um programa que ele não tem como se repetir. Fiz um hoje, segunda-feira ele vai ser diferente. Pode ter certeza que vai ter seriedade, que vai ter assuntos interessantes; até a gente brinca que vai ter convidados interessantes, informação, música, humor e a participação de quem está em casa. Como é que isto vai ser misturado, quando é que tem mais música, mais humor, mais informação, quando é que o convidado é o peso maior, essa receita muda. *Vai sempre ser um bolo, mas um dia sai de laranja, outro dia de chocolate, outro dia de milho. Cada dia sai um diferente. Mas vai ser um bolo.* Eu acompanho com essa tranquilidade. Sei que a gente está no horário da manhã. Nunca busquei pensar como se fosse uma audiência imensa, senão não teria porque sair do *Jornal Nacional*, mas acho que a gente está oferecendo algo de muita qualidade; com mais rapidez até do que eu imaginava se consolidou no horário como líder de audiência.

› **Roseméri** – Como você recebe as críticas, positivas e negativas? Chegam diretamente, indiretamente...

› **Fátima** – Eu sinceramente recebi poucas críticas na minha vida daquelas avassaladoras; nunca fui dada a receber muita crítica.

Ninguém gosta de ter o trabalho mal avaliado, até porque você sempre faz achando que está fazendo da melhor maneira possível. Mas eu acho que passado o primeiro impacto, a gente sempre leva uma reflexão. Então você sempre dá uma olhada, pensa e vê se alguma coisa pode mudar. Se eu acho que tem alguma coisa que eu possa tirar de proveito daquilo, tudo bem. Mas é muito impressionante, porque a crítica é algo tão pessoal; no início do programa, diziam desde que eu estava completamente à vontade, a outras pessoas que diziam que eu estava exatamente como era no jornal. Eu falei: onde é que eu estou? Na verdade, eu não estava nem em um lado nem no outro. Em alguns momentos eu estava bem à vontade e em alguns momentos eu estava muito próxima do que eu era no telejornal, por uma razão também, eu nunca me considerei no jornal muito diferente do que você está me vendo aqui. Espero que você diga pra mim que você também está achando isso [risos].

› **Roseméri** – Fui ao seu programa em fevereiro e gostei muito da energia boa. Fiquei na plateia. Quando você chegou, senti o mesmo que em casa. Porque quando a gente vê o programa acha que na realidade é diferente, que é tudo muito montado e eu senti sua verdade. Mas ele mudou. Estou analisando a mudança de cenário.

› **Fátima** – Isso é uma coisa que facilitou muito o meu trabalho, a mudança de cenário. Porque quando eu cheguei, o cenário em arena tinha tudo a ver com o que eu queria fazer, de trazer o anônimo e o famoso junto, misturado; só que eu nunca tinha feito um programa assim. O que acontece: se eu tenho uma pessoa muito bonita e atrás tem uma pessoa deslumbrante. Ela pode dispersar a atenção de quem está ouvindo. Se ela for uma pessoa que estiver com um batom muito vermelho, pode dispersar, se ela sentar torta, ela dispersa, se ela for muito feia ela dispersa; se ela der uma gargalhada ela dispersa, se ela chorar ela dispersa. Ou seja, qualquer coisa em volta de você, que é meu foco, que eu quero que as pessoas prestem atenção no que você diz, dispersa. Então, aos poucos, a gente foi empurrando o cenário para uma configuração mais natural, dos programas de auditório de uma maneira geral... nos americanos... em geral, a plateia fica assim... e eu nunca parei para pensar que era isso: em alguns momentos você quer que a pessoa diga alguma coisa que seja verdadeira, estou olhando para ela, dou a ela toda a minha verdade e atrás dela tem um monte de informação; como vou querer que o público tenha esse mesmo foco que estou tendo aqui? Então a gente foi aos poucos fazendo esta alteração. Hoje, e eu não sei por quê... se é isso... a plateia é mais participativa. Tem umas coisas que aconteceram engraçadíssimas... estou conversando aqui no sofá, mas você acha que tal coisa... que fulano gosta mesmo... e responde a pessoa lá da plateia, alto..."eu acho"... espera que vou pegar o microfone para você. As pessoas estão respondendo sem o microfone. Isto é ótimo. Se a gente estiver conseguindo esta mesma vontade de falar em quem está em casa, que a pessoa em casa esteja falando com quem está do lado, que bom. Então a gente percebeu uma diferença muito grande, a ponto de agora ter sempre um microfone na minha cadeira, porque vira e mexe eu tenho que pegar porque a pessoa quer se manifestar; acho isso maravilhoso, ela quer entrar na conversa. Adoro quando diz assim: "como falou ali o Fagundes". Ela entrou na conversa; pronto é isso, se ela entrou na conversa é porque a pessoa em casa também está se sentindo dentro desta conversa.

› **Roseméri** – As pessoas ficaram um pouco mais longe de você...

› **Fátima** – Mas já reparou como agora a gente canta, dança, a gente traz balé, capoeira. Eu não tinha espaço. Tinha degraus. Era mais conversado, hoje tem uma parte ativa. Então hoje tinha experiências do rapaz do Instituto Nacional de Pesquisas Espaciais, eu preciso de espaço muitas vezes para bancadas, para demonstração de objetos. Então foi algo que foi acontecendo. Como vamos fazer o cenário, o que o programa está precisando hoje. Uma das coisas que a gente estava precisando era espaço na frente. E agora? Acho que estou precisando crescer este lado da esquerda para empurrar o Lair mais para frente com o Veras. A gente só muda quando percebe que no dia a dia a gente está precisando de alguma coisa mais do que a gente tinha antes. As pessoas de início ouviam o violão e o cantor. Agora ele fala, posso levar minha banda? Então a gente tem um canto ali. É o mesmo estúdio. O mesmo número de pessoas. E agora a música tem um canto. Com o Sidney Magal eram seis mais a *backing vocal*; o outro tem mais cinco. Cresceu de um jeito a música ao vivo e isso não tinha nas manhãs da TV. A música eu queria muito, porque eu via toda a programação de manhã na TV, em todas as emissoras, não tinha música ao vivo. Você tinha DJ, sonoplasta, mas não música ao vivo. Hoje em dia está lá. A gente bota bandas inteiras tocando ao vivo.

› **Roseméri** – Você tem uma definição do seu público?

› **Fátima** – O público da manhã não é só feminino não; é um pouco mais feminino, mas é muito misto. Tem muita gente hoje em dia que trabalha em casa; tem um público grande também masculino. Eu tenho muita convicção de que o programa que eu faço não é um programa feminino. É um programa que pode ser visto por homens e mulheres. E ele é visto por homens e mulheres.

Recebo muitos homens falando. Tanto que vira e mexe temos temas voltados para homens, quem é o homem de hoje, como divide tarefas em casa, porque eles também estão vendo e eu acho ótimo que seja assim, porque se trabalho numa TV aberta eu não quero segmentar esse público. Quem segmenta é a TV a cabo. Eu quero falar para o maior número possível.

› **Roseméri** – Em termos de cultura, de classe, do comportamento, do que sai do Rio de Janeiro, como você consegue se sensibilizar para ser mais amplo?

› **Fátima** – Sinceramente, acho que eu já fazia um jornal que fala para todo mundo. Quem trabalha na Globo sempre falou para todo mundo, porque a gente na verdade... quando as pessoas não podiam ter TV a cabo viam a Globo, que é a líder de audiência há muito tempo. Acho que quem teve de se adaptar a essa chegada da classe média é a TV a cabo, que passou a botar filme dublado e não legendado; que passou a se preocupar com essa classe C que estava chegando. A TV aberta não precisou dessa adaptação, a gente já falava de A a E, não é verdade? Porque nós nunca cobramos, chegamos de graça na casa das pessoas. Então a gente está acostumada a falar para classe C desde que surgiu a TV. Agora quando essa classe começa a ter dinheiro e começa a descobrir o que é uma TV a cabo, essa TV é que vai ter que repensar se ela vai atender também a este público. Nós não. O *Jornal Nacional* sempre falou para o dono da empresa e para o servente da empresa. Tanto a pessoa que você vai entrevistar na presidência numa empresa quanto o que serve o cafezinho assistem ao *Jornal Nacional. A gente sempre falou para todo mundo.* Então no programa penso isso: continuo falando para o mesmo público que eu falava, numa versão menor porque nesse horário tem muito menos gente com a TV ligada, mas a gente continua falando para esse mesmo público. Se eu disser que tenho uma preocupação, ah, eu vou fazer isso porque é mais popular... não tenho... tenho sempre uma preocupação de ser mais ampla possível, pensando em todo esse público, mas não para focar nessa faixa salarial, nessa faixa social, eu não penso assim.

› **Roseméri** – Sobre a questão de mercado. Hoje você tem uma imagem de marca até para venda de produtos. No jornalismo, sempre houve a fronteira. Como você vê, como jornalista, sua imagem para produtos, os famosos colares...

› **Fátima** – (...) ali não tem produto, é meu mesmo; os da produção; mas a gente não tem contrato para usar. Estou me adaptando. É saudável para a jornalista que hoje atua em telejornais cobrindo noticiário que não deva mesmo ter nenhum vínculo comercial com nada. Acho que fica muito melhor, muito mais tranquilo, é muito mais correto, muito mais isento. No caso do nosso programa, a gente vai começando a pensar. Até agora não fiz nenhum anúncio[6]. Acho que primeiro tem que estar de acordo com algo que eu acredite. Não foi assim que eu construí minha carreira. Não tenho nada contra quem faz. Vou fazer na hora que eu achar uma campanha que me interessa. Até não rolou porque não chegamos a um acordo. Em termos de merchandising no programa tivemos um primeiro merchandising, extremamente adaptado ao programa. Foram dois. Sempre trago alguém para falar de um assunto. Estava com muito interesse em falar de educação financeira, que é um dos alvos de maior interesse da população brasileira, essa população

---

6 Fátima concedeu a entrevista em 17/10/13. Em março de 2014 protagonizou o primeiro comercial de sua carreira, para a empresa Seara.

no caso que tem ascendido que tem conseguido se empregar com emprego fixo. Ela percebe que teve ganho, para ela isso é legal, mas que isso não se materializa em nada. Ela não consegue comprar uma casa, ela não sabe lidar com o dinheiro. Então, a educação financeira é um tema muito útil. Então a gente conseguiu fechar um merchandising, em que trazemos uma consultora, uma colunista para falar e a única coisa que eu digo é que ela é fulana de tal, consultora do Banco Itaú e a partir dali é uma entrevista normal. A gente fez a mais recente sobre como falar de dinheiro com criança. Então, por que o assunto dinheiro é tabu na família? Se deve falar quando está em crise ou não. Não se vende produto, não se fala de aplicação no banco, nada. A gente dá apenas informação que pode ser para qualquer família. Então achei que casou muito bem com o programa. Esse merchandising é revolucionário. Como fui eu que bolei, a gente pode falar. É como se eu dissesse: fulana de tal da USP. Eu digo, Denise Rios, do Banco Itaú, ponto. Ela trabalha com isso e a gente vai conversar e ela não vai falar mais nada. Isso é uma forma que a gente adequou um merchandising ao que o programa quer passar, que é informação. A gente passou qual é a idade mais adequada para mesada, se é semanada, se deve complementar ou não, se a criança deve ficar sem dinheiro; se o cofrinho é válido ou não; complemento, deixo sem a merenda, leva a merenda de casa se gastou tudo. Aí fomos conversando porque é um tabu, como a criança vai ter um ganho distribuindo na família responsabilidades. Cada um vai ficar por desligar a luz, outro por não deixar a torneira aberta, se economizar vai ajudar para uma viagem que a família quer fazer. É uma forma diferente de lidar, então a gente está buscando isso para o programa; uma viabilidade econômica dentro do conceito do programa. Isso é bacana, né.

› **Roseméri** – O que acha de seu programa como modelo, paradigma, sente uma exclusividade difícil de ser replicada? Por ser você, uma grande equipe, a Globo...

› **Fátima** – Muita gente trabalhando... se eu disser que não fico orgulhosíssima de saber que tem alguém estudando, avaliando e imaginando que isso pode sim ser feito em outros horários, eu vou adorar, sinceramente, porque acho que é possível; é difícil porque realmente precisa de uma equipe grande, os assuntos precisam ser discutidos a fundo, precisa de um trabalho de pesquisa para você não ficar falando no vazio, não gastar... ninguém quer ficar hoje setenta minutos diante da TV para não aprender nada. As pessoas sempre dizem, eu sei que eu tenho pouco tempo, eu sei que falta muito, que eu tenho pouca informação, e eu não quero perder meu tempo. Então não é fácil, mas se as pessoas buscarem pelo menos algo assim, que ofereça conteúdo, que ofereça qualidade, que trate o público com respeito, que ajude principalmente na diminuição de diferenças, no esclarecimento, ajudando a pensar, minha missão está mais do que cumprida, porque quando fui fazer jornalismo eu achava que ia ser uma prestadora de serviço, que ia ajudar as pessoas de alguma forma. A gente tem esse sonho quando começa e eu me sinto hoje fazendo isso de um outro jeito; dançando um pouquinho de samba, me sacudindo ao som do berimbau, mas fazendo isso, sabe? E isso faz meu olho brilhar, faz eu trabalhar como esta semana, gripada desgraçadamente. Tudo bem, eu sou muito feliz. Hoje eu estava entrevistando a Ana Carolina Alanis, uma fofa esta menina. No intervalo, ela veio e me perguntou: "você está feliz?". "Estou." "Era isso mesmo que você queria?" "Era exatamente isso que eu queria, Ana Carolina, estou muito feliz." Ela disse: "ai, que bom", voltou e sentou. Achei o máximo, uma menina, preocupada se era aquilo que eu queria, se era legal. Acho que a gente tem ainda muito que fazer, mas vou adorar que a gente seja alvo de estudo, de repente até acabar descobrindo alguma coisa que a gente está fazendo mais intuitivamente, ou com base numa experiência que eu tenho de mais de 25 anos de televisão, que realmente seja interessante para quem está vendo.

A entrevista de Fátima Bernardes complementa, com elementos indispensáveis, a noção que construímos de autora-jornalista-marca no gênero jornalístico diversional do *Encontro com Fátima Bernardes*. Classificar, claro, não serve para analisar sob uma grelha de análise imutável. É fundamental acompanhar os sentidos diversos que orientam as produções com marcas autorais. O discernimento que Fátima Bernardes tem sobre jornalismo e entretenimento contribuiu para o alinhamento do programa numa aposta inovadora, alicerçada em suas práticas jornalísticas clássicas e com desejo de assumir-se frente às possibilidades de divertir-se com o público.

3.9 ELEMENTOS INFORMATIVOS E DE ENTRETENIMENTO

Dos vários programas analisados, extraíram-se alguns apontamentos sobre as semanas construídas para expor elementos informativos e de entretenimento, cujas características se diferenciam desde a escolha dos assuntos e convidados até a forma de apresentá-los, esboçando pistas para modelos futuros de análise.

Data	Apontamentos de informação + entretenimento
03/06/14 Segunda-feira ao vivo	› (Cenário novo inaugurado na semana anterior) › Daniela Mercury (cantora), sua companheira e filhos. › Vida e carreira de Daniela Mercury; presença dela na Parada Gay de SP. › Momentos importantes da carreira. › Imagens do show na Av. Paulista no dia 31/12/2012. › Abordagem sobre opção sexual. › Primeiro e terceiro bloco com informações sobre a seleção brasileira na Copa das Confederações. › Apresentação musical.
11/06/14 Terça-feira ao vivo	› FB inicia com informações sobre as manifestações no RJ e SP e sobre aumento da passagem de ônibus. › Ex-esportistas comentam sobre aposentadoria precoce. › Casos relacionados ao tema. › Presença de Igor Ricle e Silvio Matos (atores), Murilo Becker (ex-jogador de basquete), Belleti (ex-jogador de futebol e atual comentarista esportivo), Saulo (cantor), Gustavo Cerbasi (economista). › Dicas do economista para aposentadoria tranquila. › Repórter Aline Prado com perguntas da rua para o economista. › Esporte/Música. › Reportagem de Aline Prado na Amazônia: "Doutores da Água" – médicos e dentistas dão assistência em comunidades afastadas.
19/06/14 Quarta-feira ao vivo	› Manifestações no Brasil. › Análise de vídeos das manifestações. › Debate sobre objetivos das manifestações. › "Olhar" ativo de "dentro" da manifestação (estudante). › FB pede que internautas mandem fotos das manifestações. › Presença de Dira Paes (atriz), Vinícius de Souza (manifestante e estudante), Chris Nicklas (jornalista, apresentadora), Pedro Arruda (cientista político da USP), Moacir Duarte (especialista em gestão de risco).
27/06/14 Quinta-feira ao vivo	› Comentários nas redes sociais e vídeos. › Debate sobre casamentos em união estável. › Histórias de vida. › Manifestações. › Interação com público. › Lair, fora do estúdio, acompanha o treino dos famosos para a dança no Faustão. › Seleção brasileira. › Pedido de casamento ao vivo. › Presença de Fernanda Rodrigues (atriz) e Nando Cordel (músico).

01/07/14 Segunda-feira ao vivo	› Vitória do Brasil (programa descontraído com caráter de "encontro de amigos"). › Imagens da seleção no telão. › Carlinhos Brown aparece de surpresa no palco. › Conversa sobre a trajetória da seleção na Copa das Confederações. › Mulheres-chefes. › Presença de Luciano Huck e Thiago Leifert (apresentadores), Fernanda Gentil (jornalista que acompanhou a seleção), Gabriel Braga Nunes (ator), Juliana Rabello (atriz), Maria Cecília e Rodolfo (músicos), Juliana Batista (pesquisadora), Andréia Ramal (educadora).
17/07/14 Quarta-feira gravado	› Lugares exóticos, viagens, férias. › Cenário lembra aeroporto, com cadeiras como as de embarque, imagens de pontos turísticos, passaportes, carrinhos com malas. › Exibição de lugares onde Glória Maria esteve (do total de mais de 190 países). › Músicos convidados ficam com a banda, na lateral. › FB pergunta aos convidados como é a mala deles e quais são suas manias. › Repórteres pelo Brasil (ao vivo) mostram pontos turísticos; culinária nos lugares visitados. › Glória Maria (jornalista), Marcos Pigossi (ator), Humberto e Ronaldo (músicos), Tito Paes de Barros (psiquiatra).
25/07/14 Quinta-feira ao vivo	› Visita do Papa/Jornada da Juventude (ao vivo). › História da Orquestra da Favela da Maré do Amanhã, com o fundador Carlos Eduardo. Ato de perdão. Mary Sheila (atriz), José Barbosa (ator), Padre Luís Correa

Data	Assuntos/convidados	Elementos informativos	Elementos de entretenimento
04/11 Segunda-feira ao vivo	› Nova novela das 7h da noite. › Justin Bieber no Brasil. › Adolescência/crianças mimadas/ filhos sem pais/ felicidade. › Francisco Daudt (psicanalista). › Carolina Ferraz e Juliana Paiva (atrizes), Thiago Rodrigues Antonio Calloni (atores), Jads & e Jadson (convidados musicais). › (interatividade com as telas de reportagens, enquete, tweets, trechos da telenovela, fotos, gráficos, enquetes.)	› Apresentação de fatos de destaque da semana sobre a polêmica visita do cantor Justin Bieber. › Relato da documentarista Suzana Lira, autora de documentário sobre a falta de figura paterna (com imagens do filme). › Enquete on-line, vídeo e depoimentos sobre como avós mimam os netos. › Apresentação de dados (censo escolar) referentes à falta da figura paterna; matéria sobre reencontro de pai e filha (no vídeo e no palco).	› Fã que apareceu na matéria sobre acampamento do show de Justin Bieber está no estúdio; enquanto é entrevistado por FB aparecem imagens dele na rua. › Mais fãs no programa e imagens do show; uma fã traz a coroa que ganhou de Bieber. › Psicanalista comenta idealismo de fãs; artistas comentam energia do público. › FB conversa com convidados sobre experiências pessoais, com apelo emocional. › Vídeo sobre mãe e filha grávida; ambas estão na plateia. › Pudim de leite (receita de vó) no palco. › Apresentação musical. › A nova novela da Globo *Além do Horizonte* – conversa sobre os temas que os personagens desenvolverão; enlaçados com a vida real, como busca da felicidade; cenas da telenovela.

Data	Assuntos/convidados	Elementos informativos	Elementos de entretenimento
12/11 Terça-feira ao vivo	› Determinação/ amor/ esperança. › Dr. Fernando Gomes Pinto (neurocientista), Christiana Oliveira (atriz), Rodrigo Simas (ator), Lucas Lucco (convidado musical).	› Perguntas da apresentadora ao neurocientista sobre determinação e persistência. › Reportagem com vendedor de flores. › Tema central com diversas histórias de vida.	› Conversa de FB com convidados sobre a determinação dos atores com os personagens. › Brinquedos entregues a pessoas presentes na plateia para testar a determinação. › Emoção de FB com história de trigêmeas. › Apresentação musical.
20/11 Quarta-feira ao vivo	› Consciência negra/ pessoas casadas, mas que vivem separadas. › Rosa Maria Murtinho, Cacau Protásio (atrizes). › Rafaela Silva (judoca e campeã mundial), Sérgio Loroza (ator e cantor).	› Perguntas da apresentadora aos convidados sobre experiências de vida. › Enquete: "Você acha que existe preconceito no Brasil?". › Debate com os convidados sobre a temática apresentada no programa. › Reportagem sobre pessoas que possuem envolvimento com temática do programa. › Relatos de pessoas e profissionais; da pesquisadora Maria Esteves Agostinho, sobre os dados levantados por sua pesquisa com casamentos e sua experiência vivendo separada do marido. › FB entrevista Rafaela sobre a desclassificação das Olimpíadas e ofensas que sofreu.	› Conversa da apresentadora com os convidados sobre preconceito e a vida conjugal em separado. › Cena da novela *Amor à Vida* para exemplificar a temática do preconceito. › Presença na plateia de casais que possuem envolvimento com a temática da vida em separado. › Tweets com opiniões e elogios. › Apresentação musical. › Entrada ao vivo, pela Internet, de marido que está em Moçambique e surpreende a esposa no palco. › Da afiliada da Globo em Teresina, casal dá depoimento ao vivo. › Atores negros convidados cantam ao final.

Data	Assuntos/convidados	Elementos informativos	Elementos de entretenimento
28/11 Quinta-feira ao vivo	› Pais em função de realizar sonho dos filhos. › Tatiana Paranaguá (psicóloga), Rodrigo Lombardi, Land Vieira (atores), › Bel Kutner (atriz), Hernane (jogador de futebol). › Saulo (convidado musical).	› Perguntas de FB a pais. › Questionamentos de FB sobre convivência. › Reportagens de Larissa Bittencourt sobre entrevistas de emprego.	› Vídeos familiares na Internet. › Participação de pais e filhos relatando os sonhos e sacrifícios de pais. › Presença de especialista de RH que promove no palco uma apresentação de mágica e dinâmicas que possuem relação com dicas de carreira e entrevista de empregos. › Imagens de arquivo do ator Land quando fez teste de ator com Xuxa. › Imagens de jogos de futebol. › Convidado musical. › Dança coletiva.
06/12 Sexta-feira gravado	› Dia de São Nicolau. › Natal. › Novo programa da Globo – *Divertics*. › Jorge Fernando (ator e diretor), Marianna Armellini (atriz e humorista), Rafael Infanti (ator e humorista). › Sérgio Reis e banda COM 22 (convidados musicais), CPM 22 (convidado musical).	› Trecho rápido, com cenas em educandário com rapaz que se veste de Papai Noel. › Banda de Criciúma (SC) se veste de Papai Noel para visitar asilos, hospitais e creches (também se apresenta no programa).	› Sexta-feira dedicada à música. › Cantor Sérgio Reis acompanha banda de filho. › Cabeleireiro atua no palco e faz desenhos nas cabeças. › Convidados ajudam a montar árvore de Natal do programa. › FB pergunta se convidados gostam ou não de montar árvore de Natal. › Imagens de decorações externas. › Presépio do jardim do Projac. › Convidados falam sobre a nova série da Globo, *Divertics*, com cenas exibidas. › Cenas de Sérgio Reis em telenovela.

Fátima Bernardes supera o patamar de interatividade simulada, possível na televisão, sobre o qual falava Temer (2009). Mas há sempre mais por fazer, como reconhece em seu depoimento a apresentadora. Confirma-se o pilar da noticiabilidade, sustentando a autora-jornalista que aparece naturalmente quando um conteúdo com alto valor informativo é pauta, como se viu no programa sobre as manifestações brasileiras (19/07/2013) e a Jornada da Juventude (25/07/2013). Costumeiramente, a forma como ela aborda os convidados e faz os questionamentos traz à tona a função de levar informação, responsabilidade primeira do autor-jornalista. Já a autora-marca é caracterizada no conjunto, com a imagem que Fátima Bernardes desponta para o público. Enquanto a autora-jornalista responsabiliza-se pela informação, a autora-marca se encarrega de persuadir, convidar ao debate, lançando mão de elementos divertidos e coloridos. O primordial é que a abordagem esteja relacionada com a vida das pessoas que constituem o público e, quem sabe, assim, Fátima tenha a capacidade de modificar comportamentos e opiniões na direção dos princípios que idealiza.

Paradoxalmente, é a autora-marca que firma a credibilidade do programa. Com a análise e observação efetuada do *Encontro com Fátima Bernardes*, na composição intergêneros, percebeu-se o perfil diversional do programa, com registros de entretenimento e informação. A diversidade de conteúdos, convidados e abordagens, numa mescla tipológica, temática e técnica, exibe uma vitrine de possibilidades para influência da jornalista e sua capacidade de introduzir-se diferenciadamente no cenário midiático.

Considerações

O estudo realizado demonstra a importância de apreciarmos as práticas comunicativas com método científico. O terreno das formulações metodológicas para as Ciências da Comunicação por vezes é bastante pantanoso. Mesmo assim, os gêneros jornalísticos continuam eficazes para compreensão da mídia na atualidade. As reflexões sobre *Encontro com Fátima Bernardes* reafirmam os gêneros como horizontes de perspectivas sobre o que se pensa, o que se diz e o que se interpreta sobre as mensagens compartilhadas. Um panorama amplo, um oceano a navegar, concreto como a rota que se escolhe para seguir adiante.

A composição de autor-marca que se molda para as finalidades jornalísticas permite uma liberdade para os autores-jornalistas expressarem-se de acordo com as dimensões que escolhem para atuar profissionalmente. Foi assim que Fátima Bernardes libertou uma comunicadora com potencial de entrevistadora até então pouco realizado na TV Globo, ou seja, com a capacidade de mediar muitas falas com respeito, profundidade, admiração pelos convidados, sem que as informações se percam em meras opiniões, dado sua leveza no modo de apresentar, com isso, alargando a pluralidade de interesses humanos.

EFB trabalha num núcleo com profissionais que compartilham com o perfil da apresentadora, como a chefe de reportagem Ana Paula Brasil, preocupada em promover algo não muito fechado. "O telespectador gosta de novidades", fala Brasil, para quem o *mix* do programa é imprescindível, mas em virtude da velocidade dos tempos atuais quer estar atenta ao que pode vir a ser. Tem a garantia de uma líder como Fátima Bernardes, que se inspira em pensamentos como o de

Fernando Pessoa:"assim como as palavras falham na hora de exprimir os pensamentos, os pensamentos também falham na hora de exprimir a realidade".

Foi estimulante o avanço que tivemos com a compreensão dos gêneros jornalísticos a partir dos métodos difundidos por José Marques de Melo. Ele fundamenta-se na morfologia do jornalismo e na classificação de gêneros e formatos que permitem modos concretos de análise midiática, de aproximação dos fenômenos, sem medo de errar em definições, porque apoiadas em verificações abertas ao estranhamento, como se viu em *Encontro com Fátima Bernardes*. Definir, afinal, não significa adotar uma única forma, mas aquela possível, com os instrumentos que possuímos, para demonstrações que se coadunem com a realidade de uma intenção comunicativa, passando pelas condicionantes discursivas até a recepção manifesta.

Se na televisão o papel de apresentador é central em *talk show*, pelo controle e agilidade, no caso de *EFB* ganha maior complexidade, por se dirigir a muitos entrevistados. Uma comunicadora que evita se posicionar como dona da verdade. Fátima Bernardes age como maestrina de uma orquestra humana e se arrisca em sua própria humanidade, passível de erros. Uma condição possível na televisão com mescla de comportamento, prestação de serviço, informação, música, entretenimento, diversão, com interatividade em expansão. Um caminho possível no jornalismo diversional.

Desse modo, chegamos à autora-jornalista-marca Fátima Bernardes, que se posicionou em lugar de referência no panorama comunicacional brasileiro, na passagem do século XX para o XXI, contribuindo para elevação do padrão conversacional na mídia, em particular a televisiva. Exemplo de superações pessoais, de uma Fátima Bernardes que exerce sua condição autoral diferenciada, dentre os formatos telejornalísticos. No decorrer de três anos de encontros, de segunda a sexta-feira, aprimora e eleva o nível da televisão aberta no Brasil. Uma condição diferenciada quanto aos parâmetros jornalísticos até então experimentados e que ainda deve promover fatos novos, como o primeiro anúncio comercial que ela protagonizou, em 8 de março de 2014, Dia Internacional da Mulher.

Referências

ARONCHI DE SOUZA, José Carlos. *Gêneros e formatos na televisão brasileira*. São Paulo: Summus, 2004.

ASSIS, Francisco de. *Jornalismo diversional:* função, contornos e práticas na imprensa brasileira. Tese apresentada no Programa de Pós-Graduação em Comunicação Social, da Universidade Metodista de São Paulo, para obtenção do grau de Doutor. São Bernardo do Campo, 2014a.

______. *Arqueologia do jornalismo diversional.* entendendo o gênero a partir de sua base taxionômica. Trabalho submetido ao Grupo Temático (GT) Estudos sobre Jornalismo, do 12° Congresso a Associação Latino-americana de Investigadores de Comunicação (ALAIC), Pontifícia Universidade Católica do Peru, 6-8 ago 2014b.

______. *Gêneros e formatos jornalísticos:* critérios e escolhas na obra de José Marques de Melo. Artigo apresentado no 10° ENPJ, na Pontifícia Universidade Católica do Paraná, Curitiba, nov. 2012.

______. Gênero diversional. *In:* MELO, José Marques de, LAURINDO, Roseméri; ASSIS, Francisco de (orgs.). *Gêneros Jornalísticos:* teoria e práxis. Blumenau: Editora da Furb, 2012 p. 142-162.

______. A diversão como gênero jornalístico. *In:* PEREIRA, Clarissa Josgrilberg; ARAGÃO, Iury Parente; MORAIS, Osvando J. de: JACONI, Sônia (orgs.). *Fortuna Crítica de José Marques de Melo. São Paulo*: Intercom, 2013 p. 469-484.

BARTHES, Roland. *Crítica e verdade*. São Paulo: Perspectiva, 1970.

BAKHTIN, Mikhail. *Estética da Criação Verbal*. 5ª. ed. São Paulo: WMF Martins Fontes, 2010.

______. *Estética da criação verbal*. Trad. Paulo Bezerra. 4ª ed. São Paulo: Martins Fontes, 2003.

BERGER, Arthur Asa. *Popular culture genres:* theories and texts. Newbury Park: Sage Publications, Inc., 1992.

BERTOCCHI, Daniela. *Gêneros jornalísticos em espaços digitais*. Universidade do Minho: Livro de Actas 4º Sopcom, 2005. Disponível em: <http://www.bocc.ubi.pt/pag/bertocchi--daniela-generos-jornalisticos-espacos-digitais.pdf>. Acesso em: 5 jul. 2015.

BRUCK, Thalita; LAURINDO, Roseméri. Cienciometria das interfaces e intrafaces comunicacionais na revista portuguesa Comunicação e Sociedade. *Revista Comunicação e Sociedade*. Braga: Universidade do Minho, 2011. Disponível em: <http://www.lasics.uminho.pt/ojs../index.php/comsoc/article/view/891>. Acesso em: 23 fev. 2014.

CASTELLI, Eugenio. *Lengua y redacción Periodística*. Rosário, Santa Féa: Colmegna, 1968.

DIAS, Paulo da Rocha *et al*. Gêneros e formatos na comunicação massiva periodística: um estudo do jornal "Folha de S.Paulo" e da revista "Veja". *In: Congresso Brasileiro de Ciências da Comunicação*. Recife, 1998.

DUARTE, Elizabeth Bastos; CASTRO, Maria Lília Dias de. *Televisão:* entre o mercado e a academia. Porto Alegre: Editora Sulina, 2006.

ECO, Umberto. *Apocalípticos e Integrados.* 4ª ed. São Paulo: Perspectiva, 1990.

ERBOLATO, Mário L. *Técnicas de codificação em jornalismo:* redação, captação e edição no jornal diário. São Paulo: Ática, 2006.

GADINI, Sérgio Luiz. A lógica do entretenimento no jornalismo cultural brasileiro. *Revista Eptic,* vol. 9, n. 1, jan. 2007. Disponível em: <http://www.eptic.com.br/arquivos/Revistas/v.%20IX,n.%201,2007/9%20SergioGadini.pdf>. Acesso em: 25 jan. 2014.

GARGUREVICH, Juan. *Géneros Periodísticos.* Quito: Ediciones Ciespal, 2004.

GOMES, Itania Maria Mota (org.). *Gênero televisivo e modo de endereçamento no telejornalismo*. Salvador: Edufba, 2011.

GORDILLO, Inmaculada. *La hipertelevisión:* géneros y formatos. Quito: Ediciones Ciespal, 2009.

KAFELTZ, Darlan. *Oportunidades de interação pelo twitter:* uma análise do Encontro com Fátima Bernardes com o NodeXL. Trabalho de Conclusão do Curso de Publicidade e Propaganda da Universidade Regional de Blumenau, 2013. Disponível em: <http://bu.furb.br/consulta/novaConsulta/recuperaMfnCompleto.php?menu=rapida&CdMFN=355609>. Acesso em: 16 jan. 2015.

KAYSER, Jacques. *La Prensa Diaria y La Comunidad Europea.* Trad. e ed. Ciespal, maio 1963. Trad. inglês Training of Journalists, n. 15, nov. 1962.

______. *Une Semaine dans Le Monde.* Paris: Unesco, 1953.

______. *El Periódico:* estudios de morfologia, metodologia y de prensa comparada. Quito: Ciespal, 1964.

______. *El Diario francês*. Barcelona: ATE, 1970.

JACONI, Sônia. *Graciliano Ramos:* o prefeito escritor. São Paulo: LCTE Editora, 2013.

LASSWELL, Harold D. A estrutura e a função da comunicação na sociedade. *In*: COHN, Gabriel. *Comunicação e Indústria Cultural*. São Paulo: Companhia Editora Nacional, 1978.

LAURINDO, Roseméri. *Jornalismo em três dimensões:* singular, particular e universal. Blumenau: Editora da Furb, 2008.

______. Autor-jornalista e autor-marca nos gêneros jornalísticos da Globo. *Congresso Brasileiro de Ciências da Comunicação,* XXXV. Fortaleza: Intercom, 2012. Disponível em: < http://www.intercom.org.br/papers/nacionais/2012/resumos/R7-0371-2.pdf >. Acesso em: 8 ago. 2013.

______. Posição do autor gênero na interface entre o jornalismo e a publicidade. *In*: MELO, José Marques de; LAURINDO, Roseméri; ASSIS, Francisco de (orgs.). *Gêneros Jornalísticos:* teorias e práxis. Blumenau: Editora da Furb, 2012 p. 47-55.

______. *Posição de autor e gênero na interface entre o jornalismo e a publicidade.* Trabalho apresentado no GP Gêneros Jornalísticos. Caxias do Sul: XXXIII Congresso Brasileiro de Ciências da Comunicação, Intercom, 2-6 set. 2012. Disponível em: <http://www.intercom.org.br/papers/nacionais/2010/resumos/R5-0354-1.pdf>. Acesso em: 23 fev. 2014.

______; MELZ, Marina. Polêmica como categoria relevante para os gêneros jornalísticos, na leitura de Asfalto Selvagem, de Nelson Rodrigues. *In:* STRELOW, Aline *et al. Jornalismo:* História, Teorias, Gêneros e Práticas. São Paulo: Intercom, 2012. p.163-186.

______; SILVA, Carlos. *Poesia cubana de Carilda Labra sob leitura de autores diversos.* Trabalho apresentado no XVI Colóquio Internacional da Escola Latinoamericana de Comunicação. Bauru: Unesp, 8-10 ago. 2012.

LOPES, Maria Immacolata Vassallo. *Ficção Televisiva Transmidiática no Brasil:* plataformas, convergência, comunidades virtuais. Porto Alegre: Sulina, 2011.

MCLHUAN, Marshall. *Os meios de Comunicação como extensões do homem.* Trad. Décio Pignatari. São Paulo: Editora Cultrix.

MARQUES DE MELO, J. A Opinião no Jornalismo Brasileiro. Petrópolis: Editora Vozes, 1985.

______. *Jornalismo diversional.* São Paulo: ECA-USP, 1971.

______. *Jornalismo, forma e conteúdo.* São Caetano do Sul: Difusão Editora, 2009.

______. *Jornalismo Opinativo:* gêneros opinativos no jornalismo brasileiro. 3ª ed. Campos do Jordão: Mantiqueira, 2003.

______. A crônica policial na imprensa de Recife. *In*: *Idade Mídia,* São Paulo, ano II, n. 3, jun. 2003. Disponível em: <http://www.eca.usp.br/pjbr/arquivos/mem_144-156_im3.pdf.pdf>. Acesso: 22 jan. 2014.

______. Gêneros jornalísticos na imprensa espanhola: transição sem mudança? *In*: *Cadernos de Jornalismo e Editoração*. p. 7-27. v. 10, n. 23, jun. 1989.

______. *Comunicação Social:* teoria e pesquisa. Petrópolis: Editora Vozes, 1970.

______. *Estudos de Jornalismo Comparado*. São Paulo: Pioneira Editora, 1972.

______. *Gêneros opinativos no Jornalismo brasileiro*. São Paulo: 1983 (tese), 1985 (1ª ed.).

______. *Gêneros Jornalísticos na Folha de S.Paulo*. São Paulo: FTD, 1992.

______. *Mercosul sob os olhos do mundos*. Pelotas: Unesco/ UFPEL, 2008.

______; ASSIS, Francisco (orgs.). *Gêneros Jornalísticos no Brasil.* São Bernardo do Campo: Universidade Metodista de São Paulo, 2010.

______; LAURINDO, Roseméri; ASSIS, Francisco de (orgs.). *Gêneros Jornalísticos:* teoria e práxis. Blumenau: Editora da Furb, 2012.

______. *Panorama diacrónico dos géneros jornalísticos.* GP Gêneros Jornalísticos, no X Encontro dos Grupos de Pesquisa em Comunicação. Caxias do Sul: XXXIII Congresso Brasileiro de Ciências da Comunicação, 2-6 set. 2010. Disponível em: <http://www.intercom.org.br/

papers/nacionais/2010/resumos/R5-2215-1.pdf>. Acesso em: 23 jan. 2014.

______. (org.). *Jornalismo semanal ilustrado.* São Paulo: Faculdade de Jornalismo Cásper Líbero – Centro de Pesquisas da Comunicação Social, 1968.

MARSHALL, Leandro. *O jornalismo na era da publicidade.* São Paulo: Summus Editorial, 2003.

MARTÍN-BARBERO, Jesús. *Dos meios às mediações:* comunicação, cultura e hegemonia. Rio de Janeiro: Editora da UFRJ, 1997.

MORAIS, Osvando J. (org.). *Ciências da comunicação em processo:* paradigmas e mudanças na pesquisa em comunicação no século XXI. São Paulo: Intercom, 2014 p.49-73.

______. *Comunicações e Problemas Luiz Beltrão:* parte I. São Paulo: Intercom, 2013 p.260-275.

PEREIRA, Clarissa Josgrilberg. *Quando a fronteira é notícia na fronteira:* um estudo sobre os gêneros jornalísticos que abordam as cidades fronteiriças de Ponta Porã (BR) e Pedro Juan Caballero (PY). Manaus, 2013. Disponível em: <http://www.intercom.org.br/papers/nacionais/2013/resumos/R8-1299-1.pdf>. Acesso em: 26 jan. 2014.

PLATÃO. *A República*. São Paulo: Sapienza Editora, 2005.

PRADA, Raúl Rivadeneira. *Periodismo:* la teoria general de los sistemas y la ciência de la comunicación. México: Trillas, 1977.

REBOUÇAS PORTO JR., Francisco Gilson Rebouças. Brasil e Portugal: uma perspectiva comparativa sobre a história da formação em jornalismo. *In*: MACHADO, Elias. *O ensino de jornalismo na era da convergência*. Salvador: Edufba, 2001 p. 45-70.

QUINTILIANO, M. Fábio. *Instituições Oratórias*. Trad. Jerônimo Soares Barbosa. Tomo I. São Paulo: Edições Cultura, 1944.

REIMÃO, Sandra. *Em instantes:* notas sobre o programa na TV brasileira. São Bernardo do Campo: Universidade Metodista de São Paulo, 2006.

ROSARIO, Nísia Martins do. Formatos e Gêneros em corpos eletrônicos. *In*: DUARTE, Elizabeth Bastos; CASTRO, Maria Lília Dias de (orgs.). *Comunicação audiovisual:* gêneros e formatos. Porto Alegre: Sulina, 2007 p. 183-203.

SANTAELLA, Lucia. *Comunicação e Pesquisa:* projetos para mestrado e doutorado. São Paulo: Hacker, 2001.

SANTOS, Thiago Emanoel Ferreira dos. Infotainment na TV: as estratégias de endereçamento do Profissão Repórter. *In*: GOMES, Itania (org.). *Gênero televisivo e modo de endereçamento no telejornalismo*. Salvador: EDUFBa, 2011. p. 173-196.

SEIXAS, Lia. *Por uma outra classificação:* uma proposição de critérios de definição de gêneros jornalísticos por impressos e digitais. 2008. 314 f. Tese Doutorado em Comunicação e Cultura Contemporânea. Salvador: Universidade Federal da Bahia, 2008.

SILVA, Dirceu Lemos. *TV a.G:* a programação televisiva paulista antes da Globo. Dissertação de Mestrado apresentado ao Programa de Pós-Graduação em Comunicação.

São Bernardo do Campo: Universidade Metodista de São Paulo, 2012.

SILVERBLATT, Art. *Genre studies in mass media:* a handbook. Nova York: M.E. Sharpe, 2007.

SOBRINHO, José Bonifácio de Oliveira. *O livro do Boni.* Rio de Janeiro: Casa da Palavra, 2011.

SOSTER, Demétrio de Azeredo; *et al. O que dizem os gêneros nas narrativas jornalísticas não-biográficas de Fernando Morais.* Artigo apresentado no GP Gêneros Jornalísticos do XIII Encontro dos Grupos de Pesquisa em Comunicação. Manaus: XXXVI Congresso Brasileiro de Ciências da Comunicação, 2013.

______; *et al.* Jornalismo diversional e jornalismo interpretativo: diferenças que estabelecem diferenças. *In*: MELO, José Marques de; LAURINDO, Roseméri; ASSIS, Francisco de. *Gêneros jornalísticos:* teoria e práxis. Blumenau: Edifurb, 2012.

______; TONDATO, Márcia Perencin. *A televisão em busca da interatividade:* uma análise dos gêneros não ficcionais. Brasília: Casa das Musas, 2009.

TEMER, Ana Carolina Rocha Pessoa. *Notícias e Serviços:* um estudo sobre o conteúdo dos telejornais da Rede Globo. Tese de Doutorado apresentada no Programa de Pós-Graduação em Comunicação Social. 339f. São Bernardo do Campo: Universidade Metodista de São Paulo, 2001.

______. *Mulheres do sol e da Lua:* a televisão e a mulher no trabalho. Goiânia: PUC-Goiás, 2012.

VEJA MULHER. *Juntos, 24 horas por dia.* Edição Especial, ago. 2002. São Paulo: Editora Abril. Disponível em: <http://veja.abril.com.br/especiais/mulher2/entrevista.html>. Acesso em: 9 fev. 2014.

WEBER, Max. *Conceitos básicos de Sociologia*. Trad. Rubens Eduardo Ferreira Frias e Gerard Georges Delaunay. São Paulo: Editora Moraes, 1987.

WOLF, Mauro. *Teorias da Comunicação*. 4ª ed. Lisboa: Editorial Presença, 1995.

WRIGHT, Charles. *Análise funcional e comunicação de massa.* p. 610-613. Nova York: Opinião Pública Quarterly, 1960.

ZABOENCO, Gabriela Alexandre. *Migração da telenovela* "Amor à Vida" *para o programa Encontro com Fátima Bernardes*. Trabalho de Conclusão de Curso na Graduação em Comunicação Social – Publicidade e Propaganda. Blumenau: Universidade Regional de Blumenau, 2013.

O JORNALISMO DIVERSIONAL DE FÁTIMA BERNARDES
foi impresso em São Paulo pela gráfica Bartira
para Primavera Editorial em novembro de 2015.

TÍTULO: O JORNALISMO DIVERSIONAL DE FÁTIMA BERNARDES

Equipe editorial: LOURDES MAGALHÃES E LARISSA CALDIN
Preparação: Mônica Vieira/Project Nine
Revisão: Letícia Teófilo/Project Nine
Capa: Project Nine
Projeto gráfico e diagramação: Project Nine

Dados Internacionais de Catalogação na Publicação (CIP)
(Câmara Brasileira do Livro, SP, Brasil)

Laurindo, Roseméri
O jornalismo diversional de Fátima Bernardes / Roseméri Laurindo.
-- São Paulo : Primavera Editorial, 2015.

Bibliografia.
1. Bonemer, Fátima Gomes Bernardes 2. Encontro com Fátima Bernardes (Programa de televisão) 3. Jornalistas - Brasil - Biografia 4. Rede Globo

I. Título.

15-07588 CDD-070.92

Índices para catálogo sistemático:
1. Jornalista : Biografia e obra 070.92

PRIMAVERA
EDITORIAL
Av. Queiroz Filho, 1700 Vila B 37
05319-000 - São Paulo - SP
Telefone: (55 11) 3031-5957
www.primaveraeditorial.com
contato@primaveraeditorial.com